MASCULINO

MARIOLINA CERIOTTI MIGLIARESE

MASCULINO
Fuerza, eros, ternura

Cuarta edición

EDICIONES RIALP

MADRID

Título original: *Maschi. Eros, forza, tenerezza*

© 2017 *by* EDIZIONI ARES
© 2024 de la versión castellana realizada por ELENA ÁLVAREZ,
  by EDICIONES RIALP S. A.,
  Manuel Uribe 13-15, 28033
  Madrid (www.rialp.com)

Primera edición: febrero de 2019
Cuarta edición: diciembre de 2024

Preimpresión: produccioneditorial.com
ISBN (edición impresa): 978-84-321-6912-0
ISBN (edición digital): 978-84-321-5060-9
Depósito legal: M-23447-2024
Impreso en Anzos, S. L. - Fuenlabrada (Madrid)

A Gianni
Matteo
Francesco
Andrea
Giacomo

ÍNDICE

INTRODUCCIÓN................................... 11

I. LA *CARTA A LOS EFESIOS*: UNA PROVOCACIÓN 17
   El texto........................... 18
   Sumisión........................... 21
   La soledad del hombre............................ 24

II. LA MASCULINIDAD.................................. 29
   La dependencia............................. 29
   El varón y la madre......................... 34
   La agresividad........................ 39
   Educar la agresividad........................ 45
   El sexo........................... 50

III. LOS OBSTÁCULOS........................... 57
   Narcisismo............................... 57
   Fuerza y debilidad del yo............................ 62
   «Into The Wild»........................... 66

IV. LA POTENCIA, NÚCLEO DE LA MASCULINIDAD   71
   ¿Heroico o temerario?   72
   El dominio y la custodia   76
   Protagonistas de la propia vida....................................   81
   Dar nombre a las cosas...   83
   La paternidad, plenitud de la masculinidad   89
   El gesto de Héctor   92

V. LA RELACIÓN   97
   ¿Pero para qué sirven los hombres?   97
   Lo que desean las mujeres   101
   Equívocos...   107

CONCLUSIONES   115

BIBLIOGRAFÍA..   125

INTRODUCCIÓN

Un libro siempre se escribe con la aspiración de que sea leído. Y que no solo lo lean quienes piensan igual que su autor, sino también —y sobre todo— quienes sostienen ideas distintas: siempre está presente el deseo de despertar pensamientos, abrir reflexiones y contrastes. Si es así, ¿para qué escribir un libro sobre la masculinidad a partir de un texto tan confesional como una de las Cartas de san Pablo?

El caso es que este libro ha nacido de un modo inesperado, precisamente a partir de una reflexión sobre un texto de la *Carta a los Efesios* que resulta controvertido y provocativo a oídos de cualquier mujer, por muy creyente que sea. A partir de una nueva lectura del texto, me iba abriendo poco a poco a un cambio total de perspectiva, que ha terminado por cautivarme: pienso que, leído en el presente, este texto se dirige precisamente sobre todo al sexo masculino.

Los tiempos son muy diferentes a la época de Pablo. Pero para el hombre y la mujer de hoy, creyente o no, la escritura profética sigue siendo un desafío: el no creyente se encuentra, desde el punto de vista intelectual, ante uno de los textos más significativos del pensamiento de todos los tiempos. Para el creyente, su mensaje pretende sugerir a cada persona, de forma siempre nueva, el camino hacia la felicidad y el bien.

En el mundo actual, las mujeres se han hecho por fin un sitio, pero ya resulta innegable que, con frecuencia y desafortunadamente, la afirmación de la feminidad se produce en detrimento de la masculinidad. Esto conduce a una enemistad y a una contraposición crecientes entre los sexos. Mientras que las mujeres se han vuelto progresivamente más seguras, en los varones ha sucedido justo lo contrario: de este modo crecen los desequilibrios, y aparecen nuevas situaciones de conflicto e insatisfacción.

Ante este panorama, me parece que Pablo se dirige hoy en día precisamente a estos hombres tan desalentados, y les pide que emprendan un recorrido decisivo: el que les hará desarrollar una auténtica capacidad de amar. No se trata de un amor genérico, difuso, sino de un amor verdaderamente «masculino», capaz de hacer posible que la mujer recupere, o tal vez encuentre por primera vez, una posición de respeto en relación con el hombre.

El respeto entre el hombre y la mujer es un tema fundamental y difícil, que esta vez quiero interpretar situando al varón en el centro. No se trata de un respeto formal, aparente, como el que las mujeres de muchas generaciones han concedido al varón por necesidad, subordinación, o miedo a la prepotencia. Pienso fundamentalmente en un auténtico respeto, dictado por la comprensión del valor de la diferencia, y por el aprecio a los dones específicos que el hombre puede aportar a la mujer y al mundo. Pero este respeto solo puede nacer de la capacidad que tenga el hombre para interpretarse de nuevo a sí mismo, y de las relaciones que protagonice. Solo entonces, puede situarse de una forma más consciente ante la mujer, también a la luz de los cambios profundos que la propia mujer ha puesto en marcha durante los últimos siglos.

La rebelión drástica y necesaria que ha supuesto el movimiento feminista no se ha producido por casualidad. Las mujeres han tenido muchas razones, y muy válidas, para oponerse al varón. Muchas veces, el contexto les ha puesto en condiciones de cultivar hacia el varón un respeto más aparente que real. Esta situación durante largo tiempo ha cultivado en la incubadora una grave enemistad entre los sexos, que constatamos actualmente.

También gracias a la lucha contra la prepotencia del varón, las mujeres han creado redes entre ellas, han reflexionado sobre sí mismas, han crecido, se han afirmado. Pero el modo, quizá inevitablemente unilateral, de considerar la relación entre los sexos, ha desembocado en un equívoco muy peligroso, que muestra ahora sus consecuencias con una gravedad creciente: para contrarrestar la *prepotencia*, la mujer está contribuyendo, sin saberlo, a hacer al hombre *impotente*. No llega a entender que tanto la impotencia como la prepotencia son degeneraciones del verdadero don de la masculinidad, que consiste en la potencia buena, fecunda y fecundante, de la que el mundo y también la mujer seguimos teniendo una necesidad extrema.

La mujer es la puerta de acceso a la vida y la primera educadora, fundamental también para el varón. Por esto su creciente dificultad para comprender y apreciar la masculinidad, con su diferencia, sus especificidades, su valor, hacen que los varones pequeños encuentren en ella un obstáculo inconsciente en el camino hacia la comprensión de sí mismos. En el curso de pocas generaciones este proceso está conduciendo a un empobrecimiento inevitable del código masculino y a la falta de hombres que consigan alcanzar la plenitud de su masculinidad y, con ella, la capacidad y el valor de convertirse en padres, en el plano real y en el simbólico.

De este modo, el círculo se cierra. A no ser que se produzca un cambio significativo, las mujeres estarán destinadas a enfrentarse con las dos categorías de varones que inconscientemente han contribuido a crear: los hombres prepotentes y los impotentes, siendo ambas categorías no generativas y sustancialmente inútiles.

Llegamos así a la reflexión sobre la actualidad de ese texto de Pablo, con su insistente apelación al hombre para que encuentre una capacidad de amar digna del pleno *respeto* (palabra que prefiero a *sumisión*) de la mujer.

En los últimos años se han escrito varios libros sobre la identidad masculina y sobre la búsqueda de sí mismo por parte del varón, pero en realidad se dirigen preferentemente a los hombres, o son leídos casi únicamente por ellos. Por este motivo, las mujeres se han encontrado en gran parte excluidas de la reflexión sobre la masculinidad, y nunca se han preguntado en profundidad sobre qué posición ocupan al respecto. Por lo demás, creo que se puede decir lo mismo de los textos sobre feminidad, que son patrimonio casi exclusivo de las mujeres y de unos pocos especialistas interesados en el tema.

Por eso, me parece que ha llegado el momento de cambiar de perspectiva: todos nosotros, hombres y mujeres, tenemos la urgente necesidad de situarnos de nuevo ante este asunto y ayudarnos a comprender lo que somos, nuestro modo de funcionar, nuestros dones y nuestras necesidades. Pero también necesitamos conversar abiertamente sobre qué cosas comprendemos y qué cosas no.

Esto es lo que me ha empujado a escribir, como mujer, sobre la masculinidad. Cuento con cierta experiencia directa de relación con el hombre: tengo un padre, tres hermanos, un marido, cinco hijos varones, y bastantes amigos de sexo masculino. Como terapeuta, a lo largo de los años he podido escuchar confidencias y pensamientos de muchos niños, chicos y hombres que han confiado en mí y me han abierto su mundo y sus corazones.

No creo que con esto pueda hablar de un modo realmente exhaustivo, porque quienes están autorizados para hablar hasta el fondo sobre masculinidad son solo los hombres, igual que las mujeres sobre feminidad. En realidad, hay cosas que remiten a una experiencia no transferible, en especial aquellas que tienen su raíz en nuestro cuerpo, tan diferente del otro sexo. Por eso, el libro sigue el recorrido de una reflexión absolutamente personal, y se limita a profundizar en algunos temas en los que creo que el pensamiento de una mujer puede apoyar y completar la capacidad de autorreflexión del hombre.

Mi deseo es estimular en los hombres que lean este libro una mayor reflexión sobre sí mismos, sobre el origen de sus dificultades, sobre las grandes oportunidades de las que son portadores. Pero también quiero estimular en las mujeres que lo lean una mejor comprensión de la masculinidad y de su belleza, tan distinta y siempre tan necesaria.

I.
LA *CARTA A LOS EFESIOS*: UNA PROVOCACIÓN

«Sed sumisos los unos a los otros en el temor de Cristo:
las mujeres a sus maridos, como al Señor [...];
maridos, amad a vuestras mujeres,
como Cristo amó a la Iglesia».

(Efesios 5, 21-33)

«Hacia tu marido irá tu apetencia, y él te dominará».

(Génesis 3,16)

La carta de san Pablo a los Efesios sigue suponiendo un desafío muy difícil: ¿es realmente posible que una mujer de hoy acoja como palabra de Dios la invitación de Pablo a la sumisión al hombre?

De nuevo: ¿qué relación tiene esta palabra («sometida»), con la Buena Nueva? ¿No parece más bien una continuación demasiado directa de la maldición de Eva en la expulsión del Edén? Ese «te dominará» que pesa sobre la relación hombre-mujer como consecuencia terrible del pecado, ¿no tendría que haber sido modificado en el Nuevo Testamento, con la venida del Salvador? Por consiguiente, ¿no tendríamos que escuchar de Pablo que aquel «dominar» ha sido por fin superado con la venida de Cristo, y que la felicidad y plenitud de la relación entre hombre y mujer se alcanzan en el seno de una relación totalmente paritaria y, por tanto, simétrica? ¿Cómo es posible, entonces, que sigamos hablando de sumisión?

Sin embargo, la palabra de Pablo se proclama en las lecturas de la misa como «palabra de Dios». Para el creyente es, por eso, una palabra profética: contiene una indicación definitiva, que va más allá de las propias intenciones conscientes del hombre Pablo. Él ha hablado en el contexto histórico y cultural de su tiempo y con el lenguaje de su época, pero el contenido profético de sus palabras sigue inalterado, y nos provoca, porque desafía a nuestra inteligencia y a nuestro corazón. Como todas las palabras de Dios, no solo interpela a los que se dedican a estudiarla, sino que se dirige a cada uno de nosotros, para que le interroguemos personalmente, buscando captar su sentido concreto y operativo en nuestras vidas. Si es así, entonces esta Palabra se dirige precisamente a mí y precisamente hoy, tal y como soy, con la experiencia madurada en mi vida personal y profesional, con lo que he aprendido al escuchar los relatos de tantas vidas y de tantas historias.

Por eso, yo también quiero aceptar el desafío, y unir mi reflexión a la de tantas voces competentes.

El texto

Lo primero que me llama la atención al volver a leer con atención este texto es su estructura. Para empezar, su invitación inicial a una sumisión recíproca («Sed sumisos los unos a los otros en el temor de Cristo»). Después, la asimetría de las exhortaciones que Pablo dirige a hombres y mujeres: son tres los versículos dedicados a la mujer, y seis (¡el doble!) los que se dirigen al hombre. Tres versículos frente a seis: a pesar de la primera apariencia, hay que pensar que la tarea más ardua, la que necesita más insistencia, es la que se señala para el hombre: ciertamente son versículos dirigidos al hombre del tiempo de Pablo, culturalmente poco predispuesto a oír hablar sobre el amor y el respeto a la mujer; pero también hablan al hombre de hoy, al que se invita insistentemente a amar a la mujer nada menos que como el mismo Cristo ha amado, hasta darse y dar su propia vida por ella.

Siguiendo la lectura, encontramos la referencia a los versículos del Génesis: «Por eso dejará el hombre a su padre y a su madre y se unirá a su mujer y los dos se harán una sola carne», y enseguida la exclamación «gran misterio es este». La apelación al misterio, a la relación entre Cristo y la Iglesia como referente para la relación hombre/mujer, sugiere que también desafía a la mente de Pablo. Parece subrayar el esfuerzo de un pensamiento que tiende hacia cimas difíciles, ya sea de entender o de expresar. La referencia al Génesis, a ese formar una sola carne, me parece también un punto realmente decisivo para orientar nuestra pregunta cuando tratamos de interrogar a este texto tan difícil. Una sola carne. Dice Pablo: «Amar a la mujer como se ama al propio cuerpo», formar con ella una unidad tan indisoluble que sea una sola realidad, como en el designio originario de Dios.

Entonces, es posible que la cuestión principal no sea entender cómo cada uno de los dos, hombre o mujer, debe situarse singularmente ante el otro (en un plano moral, ético). Puede que lo crucial sea más bien centrarse en la relación entre ambos, en su posible belleza, en el designio de Dios que tendría que haber sido y en lo que ese designio puede aún representar. Y sobre qué cosas lo facilitan o lo obstaculizan.

Por eso, me parece que la verdadera pregunta, desde la que iniciar la lectura del texto en su significado más profundo, es esta: ¿qué tipo de relación se nos propone?

Un cristiano no puede leer la narración bíblica solo como un relato histórico: los episodios encuentran un contraste en el desarrollo, a la vez concreto y simbólico, de la historia personal de cada uno, en cualquier tiempo. Cada uno de nosotros lleva consigo, personalmente, la nostalgia del Edén (de un amor pleno y sin enemistad, en la diferencia de sexo y la paridad en el ser), la maldición de la expulsión (con la opresión, la incomprensión y la enemistad), y la necesidad de Redención (con la posibilidad de llegar a una nueva relación, de familiaridad y de confianza recíprocas). ¿Cómo no pensar en la experiencia cotidiana por la que el hombre y la mujer[1] muchas veces se desean sin encontrarse?

Una vez abandonado el designio para el que habían sido creados, el hombre y la mujer experimentan una enemistad profunda, en cuyo centro se encuentra el tema del *dominio:* una opresión que traiciona el pensamiento inicial de Dios, según el cual la unión sexual («el hombre se unirá a su mujer») coincide con la plena capacidad de amar («los dos se harán una sola carne»).

Por eso, es necesario recorrer en la historia singular de cada uno, el esforzado camino que media entre el pecado original —con la maldición inicial contenida en el Antiguo Testamento— y el misterioso punto de llegada que indica Pablo en el Nuevo Testamento. Si realmente es así, las palabras de Pablo, a primera vista tan irritantes, deben traducirse a un lenguaje que nos ayude a comprender el modo de relacionarnos para que el designio de Dios se pueda expresar nuevamente en toda su belleza.

Pero entonces, ¿qué es este sometimiento del que se habla? Esta sumisión se pide a la mujer, pero ¿es también recíproca entre los sexos?

---

[1] En italiano, para designar la sexualidad masculina existen los términos *maschio* y *uomo*, que se pueden traducir como "varón" y "hombre" respectivamente. El primero hace referencia al aspecto más biológico, mientras que el segundo tiene una connotación de personalidad. De forma paralela, en italiano la feminidad se designa con los términos *femina*, de connotación biológica, y *donna*, que apela a la personalidad. En español, existe la distinción entre *fémina* y *mujer*, aunque lo cierto es que el primer término está en desuso y que es mucho más frecuente el empleo de la palabra *mujer*. En consecuencia, en estas páginas se traducirá el italiano *fémina* por mujer, aunque se perderán algunos matices, que se pueden interpretar en el contexto (NdT).

Sumisión

Aunque interrumpa el hilo del discurso, quiero hacer una digresión y detenerme brevemente sobre la palabra «sumisión».

En la búsqueda de algo que pudiera rehabilitar a mis ojos esta palabra tan poco agradable, he intentado dejarla resonar libremente en mi interior. Así apareció en mi mente una asociación intrigante, con aquel Jesús que vuelve a Nazaret −«les estaba *sumiso*...»− y que concluye el famosísimo relato del evangelista Lucas: Jesús perdido y encontrado, después de tres días de angustia, entre los doctores del templo. El episodio evidentemente se considera importante, teniendo en cuenta la insólita riqueza de detalles de la narración, y que recoge algunas de las muy escasas palabras directamente atribuidas a María.

El hecho es que estas palabras de voluntaria sumisión siguen al relato de una grave incomprensión entre los padres y el hijo. Esta sigue abierta como una herida, y que deja dolorosos interrogantes.

Parece haber una contradicción patente entre la respuesta de Jesús a sus padres, muy dura y decidida, y su consiguiente sumisión voluntaria.

¿Entonces de qué nos habla?

En el episodio narrado, Jesús tiene alrededor de doce años, una edad que en su cultura marca el paso del mundo infantil al adulto. Podemos situar lo sucedido en aquella fase tantas veces difícil de la vida familiar que representa el ingreso de nuestros hijos en la adolescencia.

La adolescencia es una fase de la vida que siempre se produce de repente, porque llega de improviso y marca una discontinuidad en las relaciones: de ese niño que creíamos conocer tan bien, está a punto de nacer una persona nueva y, en cierto sentido, imprevisible y desconocida. Casi de un día para otro, ese hijo nos indica de forma inequívoca, con su comportamiento, que quiere cambiar su relación con nosotros y su posición respecto a nosotros: la complicidad y la confianza, que eran características de una buena relación, dejan el puesto a la búsqueda de una nueva distancia y a la defensa, a veces dura, de su propio espacio y de sus secretos.

Nace, entre padres e hijos, una dolorosa dificultad para entenderse: dolorosa sobre todo para los padres, que no se sienten preparados para el cambio y sufren al verse excluidos repentinamente del mundo de su hijo.

El episodio evangélico nos habla precisamente de este momento decisivo y de la dificultad que supone en cualquier relación entre padres e hijo, también para la Familia de Nazaret. Nos sitúa ante la manifestación de un cambio inesperado, que provoca ansiedad y preocupación: así lo indica esa afanosa búsqueda de tres días, el miedo de haber perdido al hijo, de que le haya pasado algo malo, de que no sepa arreglárselas sin ellos. María y José buscan a su niño, pero el niño en realidad se ha perdido, de pronto y para siempre: en su lugar, los padres desorientados encuentran a un chico que es casi un extraño.

Aquí se expresa la dolorosa incredulidad de María, con algunas de las escasas palabras que se le atribuyen en el texto evangélico: «Hijo, ¿por qué nos has hecho esto? Mira que tu padre y yo, angustiados, te buscábamos». Parece que se pueden sentir casi las preocupaciones de María: «Entonces no se había perdido, no nos ha echado de menos, no nos necesitaba; se ha alejado a propósito y sin pensar que nos iba a hacer daño. Ha seguido otras pistas, otros sueños, otras preocupaciones que no son las nuestras. Nosotros no le importamos...».

Parece ser este el descubrimiento, doloroso e inesperado: el niño tan querido se ha perdido realmente para siempre; no siente alivio al verles. Es más, su preocupación parece fastidiarle: «¿Por qué me buscabais? ¿No sabíais que tengo que ocuparme de las cosas de mi Padre?», dice Jesús. Cada vez que escucho estas palabras no puedo más que identificarme con José y María, padre y madre terrenos y amorosos de este hijo especial.

¿No ha sido acaso Jesús demasiado duro con ellos? ¿Por qué les ha alejado así? No se puede negar que estas palabras suenan extremadamente ásperas al oído de cualquier progenitor.

En este punto, me ayuda a reflexionar el recurso a los instrumentos propios de mi trabajo: así entiendo que el adolescente, para llevar a término su recorrido evolutivo, debe buscar su propio camino, el que le va a llevar allí donde está su llamada, que le hará crecer hasta convertirse en un hombre entre los hombres, y poner en juego el don que es solo suyo y de nadie más. Es lo que se llama «vocación»: exige al adolescente que ya no quiera ser el niño que se adapta a los sueños y deseos –también buenos– de sus progenitores. A partir de este momento tiene que tratar de descubrir dentro de sí sus *propios* sueños y sus *propios* deseos, protegido de la invasión de los adultos, también cuando es involuntaria o de buena fe, o cuando solo se busca protegerle y ayudarle.

De aquí proviene la dureza de las palabras: en efecto, está en juego algo decisivo, algo que no se puede ignorar, a riesgo del fracaso en la vida. El relato evangélico nos recuerda que los hijos no nos pertenecen, que nos han sido confiados, que no podemos ser nosotros quienes marquen o decidan su camino porque son, en primer lugar, hijos de un Padre que deben descubrir en sí mismos, y que tiene su propio recorrido. Es una invitación decidida a no olvidar la radical alteridad y libertad del otro, precisamente a partir de nuestros hijos. La dureza de Jesús sirve para reforzar este mensaje, porque en cada historia humana se repite invariablemente el desafío, como si fuese la primera vez: sobre todo en las relaciones de mayor proximidad (progenitor/hijo, también hombre/mujer) tendemos a olvidar la inviolabilidad de cada ser humano, su derecho a mantener aquella «distancia de respeto» que garantiza la soberanía sobre sí mismo.

Pero el texto concluye de un modo sorprendente: una vez marcado con decisión y de modo definitivo su nuevo terreno,

Jesús sigue a sus padres a Nazaret y «les está sumiso» creciendo en sabiduría, edad y gracia. Se queda con ellos, en este estado de libre sumisión, hasta la edad de treinta años.

El análisis de este episodio sugiere, por tanto, que existe también un sometimiento sin subordinación, una sumisión que no renuncia ni al propio proyecto ni a la propia identidad.

Existe por lo menos un modo de pensar en *estar sometido* que no está asociado a la ausencia de valor, al encontrarse aplastado o a la subordinación.

Tal vez podamos completar la reflexión diciendo que el «sometimiento» de Jesús a sus padres tenía que llevar a plenitud el mandamiento: «Honra a tu padre y a tu madre». Así, *honrar* me parece la primera palabra importante que recordar: existe un estar sometido que responde a la capacidad libre de reconocer, honrar y, en consecuencia, respetar en el otro aquello que es y representa, sin perder terreno ni lesionar el propio proyecto.

¿No será esta, ya, una indicación valiosa?

La soledad del hombre

La temática de la compleja relación entre masculinidad y feminidad empieza con la misteriosa creación de la mujer.

El texto bíblico nos cuenta que al principio el hombre estaba solo: no abandonado, ni dejado en el mundo por casualidad, sino creado por Dios, como persona con pleno significado, y solo, con una soledad buena, como su Creador-Padre había pensado en relación con Él. Por tanto, sin duda, no se trataba de un estado de abandono o falta de plenitud, sino más bien de una condición entera y capaz de regirse: el Señor, de hecho, se fía de Adán, hasta el punto de dejarle la libertad y la responsabilidad de dar nombre a todas las criaturas vivientes.

Por lo demás, de la lectura del texto no se deduce que Adán se quejara al Señor de su soledad, que es entonces, según la narración, una dimensión constitutiva buena, desde la cual la persona-hombre se puede mover para gobernar el mundo creado.

¿Por qué, entonces, la mujer?
Es Dios mismo quien quiere «hacer algo más».
La presencia en el *Génesis* de dos narraciones distintas de la creación del hombre y de la mujer parece subrayar, por separado, y así de modo más incisivo, dos aspectos diferentes. En la primera narración, parece que se sugiere la necesidad de la diferencia misma: «Dios creó el hombre a su imagen; a imagen de Dios lo creó; varón y mujer los creó». El hombre solo, con su límite, no puede ser imagen de su Señor: la imagen de Dios solo se refleja en el hombre y la mujer juntos, en la diferencia que se convierte en relación.

En el segundo relato, en cambio, parece sugerirse otra cosa. Dice el texto: «No es bueno que el hombre esté solo: quiero hacerle una ayuda adecuada». Si para reflejar la imagen de Dios es necesaria la relación, debe tratarse de una en la que hombre y mujer se reconozcan semejantes y comprendan que han sido puestos uno al lado de la otra para ayudarse, colaborando en el cultivo y la custodia del jardín de Edén que Dios les ha confiado.

La soledad y la relación no son, por tanto, elementos contradictorios. Pero, poniendo como primera condición la soledad de Adán, el texto parece sugerir la posibilidad de que, en el varón, una buena relación con la mujer tenga origen en la capacidad de estar solo, de mantenerse por sí mismo. Precisamente esta soledad del hombre consigo mismo y en relación con el Padre le sitúa en la condición óptima para recibir de Dios el *don* de la mujer. Adán, el primer hombre, acoge a la mujer precisamente como un don, que le hace estallar en una exclamación de júbilo y reconocimiento: «Esta sí que es hueso de mis huesos y carne de mi carne». Al principio los dos eran por naturaleza una sola carne, y precisamente en esto consiste la maravilla del don: ser dos, diferentes e irreductibles uno a otro, pero también siendo uno, en el amor.

¿Qué sucede como consecuencia del pecado?

En este sentido, el relato bíblico es iluminador también sobre el plano psicológico. Para ambos, la primera consecuencia es la vergüenza de la condición de desnudez.

La vergüenza es un sentimiento profundo y muy doloroso, que se refiere a la percepción de la propia vulnerabilidad y fragilidad, intolerables. Supone la consciencia de una inadecuación estructural, y por tanto insanable. Conlleva una necesidad de esconderse, porque también nos puede herir la mirada del otro: quien se avergüenza necesita mantener al otro a una distancia de seguridad, para evitar que su mirada se pose sobre aquello que él considera insuficiente de una forma insostenible.

Quien se avergüenza siente necesidad de una penumbra buena y capaz de protegerle; desea, desde su yo más profundo, ser acogido con delicadeza en eso en lo que se siente frágil, pero que no quiere nombrar. Casi nunca es posible hablar de eso que realmente nos avergüenza, porque las mismas palabras «ponen al desnudo» y entonces pueden hacer daño.

Lo que, en el relato bíblico, el hombre y la mujer esconden como origen del sentido de vergüenza es el cuerpo sexuado, que a partir de ese momento se convierte en el lugar de la herida y de la vulnerabilidad recíproca. Ya no se experimenta el júbilo del ser estructuralmente una sola carne, sino más bien la dificultad de encontrarse, el miedo a no ser acogidos por el otro por lo que uno es (desnudos), la necesidad de demostrar continuamente que se está a la altura, el temor de ser juzgados insuficientes. En esa vergüenza de la propia desnudez se encuentra todo esto, y mucho más, acerca de nuestro esfuerzo por ser hombres y mujeres que buscan una relación mutua.

Sin embargo, a través de la historia de los primeros padres se nos indican otras consecuencias importantes de la culpa originaria. Entre ellas, deseo subrayar sobre todo aquellas que se refieren de forma más específica al varón.

Llamado por el Señor a responder personalmente de uno mismo con la pregunta fundamental y siempre actual «¿Dónde estás?», el hombre responde con la regresión a una modalidad profundamente infantil y acusa a la mujer de su propia desobediencia, igual que haría un niño pillado en una falta que se esconde detrás de su madre. Adán, aquel hombre capaz de estar solo, en relación directa con el Padre y lleno de júbilo por el don de la mujer, con el pecado original se transforma en un niño asustado que ya no sabe situarse a sí mismo («¿Dónde estás?») y que en relación con la mujer asume una posición psicológica de hijo.

Pero sobre la relación del hombre con la mujer incide otra consecuencia grave del pecado: si por un lado se manifiesta la dependencia infantil, por otro, en cambio, hace su aparición una actitud de dominio, que transforma la fuerza buena del varón en aquella prepotencia que será la maldición de su compañera («Hacia tu marido irá tu apetencia, y él te dominará»).

La fuerza buena del hombre nacía de su relación personal y directa con Dios, el Padre, fuente de su capacidad masculina para estar solo y acoger con amor el don de la mujer. En cambio, la rebelión del pecado, con la presunción de prescindir del Padre, le priva de la fuente misma de su fuerza y de su capacidad de amor.

Por tanto, en estos dos nudos, como consecuencia del pecado de origen, parece concentrarse para el varón de todos los tiempos el punto de ruptura en la relación con la mujer: *dependencia infantil* por un lado, y *prepotencia* por el otro, son los dos problemas de fondo con los que debe hacer las cuentas a lo largo de toda su vida. Estas son las dos fragilidades originarias que lleva en sí mismo, de las que debe tomar plena conciencia y contra las que tiene que luchar, si quiere construir con la mujer una relación que lo reconduzca al diseño originario de Dios.

II.
LA MASCULINIDAD

La dependencia

Según la narración bíblica, Adán, el primer hombre, ha recibido la vida directamente del soplo de su Creador.

Pero, después de él, cualquier otro hombre entra en la vida solamente a través de la mujer: una mujer lleva en sí al hijo durante nueve meses, lo rodea, transmite a sus sentidos los primeros signos que provienen del mundo. La primera imagen del mundo llega al hijo a través del filtro constituido por el cuerpo y la mente de la madre: el latido de su corazón y el ritmo de su respiración constituyen el trasfondo vital de cualquier realidad conocida.

La mujer, puerta de acceso de la vida humana al mundo, es también la primera en acoger al hijo recién nacido. Ella lo reconoce y hace que le reconozcan, lo introduce en el ritmo de la vida, hecho de sueño y de vigilia, de hambre y de alivio del hambre. A través de ella, el pequeño hombre se inicia en su código comunicativo fundamental (la lengua-madre), que solo se puede desarrollar gracias al intenso intercambio comunicativo preverbal que lo precede, compuesto por una sutil y constante interacción recíproca y una mutua sintonización de miradas, gestos, tiempos, sonidos.

La madre también es, a todos los efectos, la primera y más poderosa educadora, porque la percepción de lo que le agrada o desagrada tiene un impacto especial sobre el pequeño que está creciendo, y le empuja inconscientemente a modelarse de forma que la madre se dé cuenta de su presencia y esté contenta. La satisfacción que experimenta la madre en la relación con su hijo en los primeros años de vida constituye la base sobre la que se funda su primer sentimiento de tener un valor.

Cuando nace el bebé, tanto varón como mujer, para la madre es en primer lugar un cachorro, necesitado de sus cuidados para sobrevivir. El bebé es esa criatura que ha tomado forma en el interior de su cuerpo y que tiene una necesidad vital de *contención* física y psíquica (necesita ser tenido en brazos, nutrido, asistido, consolado) y de *reconocimiento* (necesita entrar en una relación de mutua sintonización con la persona que se ocupa de cuidarle). Su valor no está vinculado inicialmente a sus características personales y objetivas, que todavía están solo esbozadas, sino al mismo hecho de ser, para esa madre, el hijo: es la fase de la simbiosis fisiológica, un momento breve y especial que, vivido en plenitud, fundamenta la seguridad emotiva del recién nacido.

El sexo con el que el hijo viene al mundo no es una variable neutra. Desde el primer momento, constituye un elemento importante en la configuración de la relación que se va construyendo, y contribuye también a determinar la intensidad y la duración de la simbiosis.

Ningún nacimiento se produce en el vacío. Cada recién nacido se inserta en una larga cadena de relaciones, en la que quien engendra ha sido a su vez engendrado. Cada madre y cada padre son simultáneamente también hijos: de un padre, de una madre, de una relación, que ha dejado su impronta en el inconsciente, con todas sus luces y sombras. Todo esto tiene resonancia en el encuentro de la mujer con su nueva criatura: si el hijo esperado es un varón, el encuentro con él está connotado por todas las experiencias, fantasías, imágenes, expectativas buenas y no tan buenas que la mujer porta en su relación con lo masculino. La masculinidad es para la mujer el otro, el diferente, lo no-femenino, y las huellas más profundas de lo que representa para ella remiten en el inconsciente a la relación con su padre.

Es frecuente observar que la mujer que ha gozado de una relación de afecto y estima con su padre vive de modo más sencillo la relación con el hijo varón. Muchas veces parece notar un orgullo especial y un peculiar sentido de plenitud por haberlo traído al mundo.

La dependencia es la condición originaria ineludible de todo ser humano, sea varón o mujer; el cachorro de hombre, en efecto, nace completamente inerme. Su supervivencia física y psíquica depende de la acogida en la órbita de la relación simbiótica con la madre, que constituye el mundo de proveniencia, el área de experiencia primaria, el olor y el sabor de lo que es conocido y, por eso, da seguridad. Los dos sexos mantienen una profunda nostalgia inconsciente de esta experiencia preverbal originaria, que da una impronta al ser y constituye la base de partida sobre la que se forma la personalidad de cada uno.

Muy pronto, el varoncito se enfrenta con un deber muy concreto: hacerse hombre, que significa, en primer lugar, renunciar a ser como la madre. Supone aceptar una diferencia que tiene el sabor difícil de la separación definitiva, más que para la niña.

Se trata de un recorrido progresivo y delicado, que es importante describir brevemente.

Aproximadamente entre los 15 y los 24 meses el niño, que con seguridad ha llegado a la estación erecta, madura también la posibilidad de ser educado en el control del esfínter. En efecto, a esta edad se desarrolla (gracias al incremento de la capacidad verbal) la capacidad de captar lo que los adultos esperan de él. También se desarrolla la capacidad de corresponder, gracias a la maduración del sistema nervioso, que permite un control voluntario de la micción, antes imposible. Todo este proceso incluye una fuerte implicación del área genital, que se convierte en un centro de gran atención e interés. El niño se encuentra entonces ante la constatación realista de un mundo dividido netamente en dos categorías: los varones, portadores del pene igual que el padre, y las mujeres que, como la madre, no tienen pene.

Ser un varón supone, en primer lugar, aceptar ser diferente de la madre y situarse en «otra» categoría, la del padre. Por eso, introducirse en el mundo masculino para hacerse hombres supone la necesidad de fijar progresivamente unos límites psicofísicos en relación con la madre, porque la diferencia siempre incluye distancia y separación.

En este delicado paso del niño se enfrentan dos impulsos contradictorios. Por un lado, está el deseo de quedarse en la órbita de la madre, precisamente por miedo a separarse de ella y perder el bienestar que deriva de la cercanía fusional. Por otro, en cambio, está el deseo evolutivo, que tiene su origen en el impulso natural hacia el crecimiento y el desarrollo de un yo autónomo y diferenciado. Se trata de un primer e importante escollo en el recorrido del crecimiento. Su superación positiva es muy importante para dar comienzo a la conquista de aquella competencia fundamental que es la capacidad masculina para «estar solo».

Nunca se insiste lo suficiente en la dificultad que supone este paso de la experiencia masculina y su especificidad, que desde el mismo origen diferencia el recorrido del hombre respecto al de la mujer.

Para hacerse plenamente hombre, el varón debe salir del paraíso terrenal de la simbiosis con la madre, y debe hacerlo de un modo mucho más decidido y definitivo que la mujer. La experiencia de la soledad, en su caso, es más radical. En la condición de hija, y en la potencialidad para convertirse en madre, la mujer siempre vive en cierto sentido como «acompañada» por su propia madre. No necesita abandonarla de un modo tan definitivo: su contacto psíquico con la imagen materna, sea esta buena o mala, nunca se interrumpe, porque el necesario proceso de identificación constituye la fuente de una continuidad de la experiencia.

Por eso, en general, la mujer encuentra menor dificultad para estar sola, sobre todo si ha tenido el don de una buena relación con su madre, porque sigue llevando dentro su imagen, como referencia de identificación.

El caso del varón es diferente: para poder ser él mismo debe renunciar totalmente a la madre. Por tanto, no puede llevarla consigo, a no ser como nostalgia. No se trata, en realidad, solo de renunciar a la relación infantil con la madre real, de la que tiene que aprender a tomar distancia progresivamente, sino de renunciar también, y sobre todo, a la fantasía inconsciente y omnipotente de una reunificación con ella a través del encuentro con otra mujer que sea igual.

El pleno desapego de la madre y la conquista de la capacidad adulta de «estar solo» representan, en realidad, los requisitos previos e indispensables para el encuentro maduro del varón con una feminidad distinta de la materna: la de una mujer concreta, definida, con sus características, límites y proyectos; tan diferente de la imagen idealizada, omnipotente y atractiva que el niño ha construido en la infancia sobre su madre.

Se trata de un recorrido largo y delicado, que para completarse ha de pasar a través de experiencias de desapego, indispensables y progresivas, entre las que van a ser decisivas la pubertad y la adolescencia. Pero el primer paso se produce ya con el descubrimiento de la diferencia sexual. En esta fase es frecuente que el niño se vuelva «elástico», moviéndose entre el progreso y la regresión; su posibilidad de no estancarse en el vínculo simbiótico depende en buena medida de la capacidad que tengan la madre y el padre de secundar y promover el impulso evolutivo espontáneo.

A este propósito, es importante subrayar que la tarea de favorecer la «justa distancia» no compete exclusivamente a la madre. Para la mujer no es posible alejar activamente al hijo de sí misma, porque la madre que aleja es percibida por el hijo como madre que rechaza y abandona, y que es, por tanto, mala. En cambio, la madre puede aceptar y secundar el deseo evolutivo de desapego, dar valor a los elementos activos presentes en el hijo, y animarle a explorar el mundo más allá de ella. La madre «suficientemente buena» permite al hijo «ir y venir» a ella, renunciando al control y al placer de la total participación en sus experiencias. Esa madre buena apoya la curiosidad que manifiesta el niño hacia el mundo del padre, autorizando y estimulando la relación directa entre ellos, también más allá de ella misma.

Pero, en este momento decisivo, el niño necesita que el padre le tenga en cuenta, lo mire con orgullo, le haga sentir que el valor de dejar a la madre va a ser recompensado con el interesante ingreso en el mundo aventurero de los hombres, al cual él pertenece, como su padre. Y que le haga sentir que no va a estar solo, porque su padre va a estar ahí para apoyarle y acompañarle, orgulloso de pasarle en herencia eso que solo él sabe, y no la madre, de masculinidad.

El varón y la madre

Creo que para un hombre es muy importante detenerse con un poco más de profundidad en el tema «materno», porque para el varón la madre es, siempre y en todo caso, la mujer de referencia. La idealización y la des-idealización de la madre representan, por eso, nudos decisivos en la evolución psíquica masculina, con consecuencias muy profundas en la organización de su vida afectiva o sexual.

La idealización de la figura materna, en positivo o en negativo, es de alguna forma un obstáculo inevitable en el camino del crecimiento. No necesariamente depende de las características reales, buenas o no tan buenas, de la madre.

La potencia del arquetipo materno es estructural: en efecto, está relacionada principalmente con las características mismas de la relación, con su carácter tan indispensable, y con la desproporción de los recursos presentes en la primerísima infancia entre el niño y la propia madre.

En el núcleo de lo humano está siempre la experiencia de una ausencia. Es la nostalgia de la unidad primaria y preverbal con la madre, la nostalgia de la pertenencia originaria y totalizadora a ella, la que se pierde con el crecimiento. La soledad es extraña al hombre y le aterra, porque la criatura humana se percibe desde el origen como un ser en relación, necesitado de recibir el propio significado a través del reconocimiento del otro.

En cada fase de la vida, siempre seguimos deseando que alguien nos vea, nos reconozca, nos valore, nos entienda, como imaginamos que saben hacer las madres. Deseamos una comprensión que también sea preverbal, hecha de mutua sintonía; querríamos ser entendidos sin necesidad de hablar, querríamos a otro capaz de «sentir» nuestros tiempos, capaz de saber que nuestro valor supera a nuestras capacidades y que no hay un límite al perdón. Son estas las características que presta el pensamiento infantil a la madre: en cierto sentido, ella es omnipotente y omnisciente, forma parte del imaginario infantil más que de la realidad, y hace eco a los meses de gestación en los que el hijo y la madre constituyen una unidad realmente inescindible.

El niño que en el primer año de vida goza de una buena sincronía con la madre experimenta un sentido de seguridad que se advierte, en primer lugar, como estado de bienestar corporal: la respiración y los latidos del corazón son regulares, y el pequeño encuentra un buen ritmo en el sueño y la alimentación. El progenitor, con su presencia y su intervención, hace del mundo un lugar seguro en el que se puede encontrar respuesta al estado de necesidad: si el niño tiene hambre y llora, se le sacia; si está inquieto, se le calma; si está incómodo porque está sucio, se le limpia. En consecuencia, cuando la relación primaria ha sido suficientemente buena, el niño interioriza la sensación de tener una base segura desde la que puede aprender a moverse para explorar el mundo.

Esta seguridad fundamental es el trampolín del que parte el gradual y fisiológico alejamiento entre el niño y la madre. Debe producirse una adaptación a la realidad, el pequeño tiene que aprender poco a poco a defenderse solo, renunciando al objeto omnipotente imaginario.

Es importante subrayar que la madre está muy implicada en la experiencia que tiene el niño de su propio cuerpo: después de haberle llevado en su interior, ella es la primera protagonista de los cuidados que se le van a dedicar. Inmediatamente después de su nacimiento, el niño recibe caricias y cuidados, bebe del seno de la madre, se le lava, se le coge y abraza: todas son experiencias indispensables para marcar el límite indiferenciado de su cuerpo por medio de sensaciones potentes, que dejan su huella indeleble en la psique. Podríamos definirla como una «memoria encarnada», poco traducible en palabras, asociada a estados afectivos que pueden ser de placer y bienestar o, por el contrario, de incomodidad y ansiedad. Están relacionados con la capacidad que tenga la madre para encontrar una adecuada «sintonización» física, psíquica y emocional con su propio niño. No se trata tanto de desarrollar de modo puntual una tarea de asistencia, cuanto más bien de encontrar la longitud de onda adecuada en la relación, que permite que madre e hijo se «entiendan»: una mutua adaptación, una especie de diálogo no verbal, que está mediado por los gestos, las miradas, la presión del toque, la modulación de la voz.

En situaciones fisiológicas, cuando la madre se siente tranquila y tiene, por eso, la posibilidad de activar sus propios recursos, no es necesario enseñar esta modalidad de contacto, sencillamente porque «sucede» como fruto específico de la relación, y construye la experiencia de una relación verdaderamente única y fundante.

En los primeros meses de vida, la experiencia sensorial es todavía difusa y el cuerpo del niño se puede definir como un «cuerpo erótico», porque reacciona de forma global a la experiencia del contacto placentero o desagradable con el cuerpo del otro; en esta fase el área genital todavía no tiene aquella especificidad que va a madurar posteriormente.

A partir de los 12/18 meses de edad es cuando, como decíamos, la maduración del sistema nervioso central y periférico y la educación en el control del esfínter uretral conllevan un desplazamiento progresivo del interés hacia el aparato genital y causan, sobre todo para el varón, una concentración masiva de la atención en el pene.

La mujer no puede entender más que indirectamente la especificidad de las sensaciones genitales masculinas, porque su cuerpo está estructurado de una forma diferente y reacciona de manera más difusa al estímulo erógeno, en mayor continuidad con la experiencia infantil primaria. En el varón, en cambio, el pene se convierte muy precozmente en el órgano que concentra en sí cualquier forma de excitación, sea cual sea el modo en que se haya provocado, y que se convierte para él en un potente centro de interés.

Pero desde el momento en que el pene adquiere ese interés masivo, también el cuerpo de la madre asume una importancia distinta, porque el contacto con ella puede ser involuntariamente fuente de una respuesta a nivel genital.

Desde el momento en que las sensaciones de excitación empiezan a concentrarse en los órganos genitales, el pequeño varón empieza a advertir, aunque de modo inconsciente, la componente erótica de la madre. Esta, a su vez, empieza a advertir la presencia en él de una atención y de un interés de naturaleza erótica que lo hacen distinto de la hija mujer y reclaman una adaptación en la relación.

Se trata de un nudo importante: el cuerpo del hijo varón necesita ser amado y asistido por la madre sin sentirse excesivamente reclamado en el plano erótico. Esto depende de la capacidad instintiva que tenga la madre para regular de modo flexible la distancia física con él, aunque sin alejarlo. Es necesario saber renunciar al tinte erótico de la relación con el hijo varón, si se le quiere proteger del riesgo seductivo y dejarle plenamente libre. Mimar y cubrir de besos al niño, especialmente al pequeño varón, suele ser fuente de verdadero placer para una madre. Pero, a veces, al deseo de la madre no le corresponde el deseo de su niño: si el pequeño está concentrado en el juego, por ejemplo, o inmerso en sus dibujos preferidos, puede no apreciar esos abrazos, que se convierten en una invasión de su frontera. También por lo que respecta a los niños, los besos y los abrazos son verdaderamente buenos si son deseados por los dos, y por eso necesitan de una graduación en los modos y los tiempos: el cuerpo del pequeño es un cuerpo «otro», que merece pleno respeto.

La experiencia de una asistencia buena y no invasiva deja una huella importante. Se puede reactivar en la vida adulta, en todo lo relacionado con la ternura. Se trata de una componente importante de la sexualidad, que permite al varón gustar y hacer gustar a su mujer todos los aspectos pregenitales que constituyen los preliminares eróticos. Se trata de un momento importante en el intercambio sexual, especialmente necesario a la mujer para sentir en el hombre no solo el deseo, sino también el vínculo afectivo que le permite confiarse a él.

La libertad de vivir la ternura en el contexto del acercamiento sexual es posible porque se llevan dentro las huellas buenas de la experiencia con la madre, porque el intercambio afectivo con ella ha sido a la vez rico y no peligroso. Entonces, el hombre adulto puede seguir en contacto con las experiencias afectivas infantiles sin verse atrapado en ellas, y donar la ternura afectiva recibida a la mujer que ha elegido.

Por tanto, la madre y la relación con ella constituyen el primer punto de referencia que cada hombre tiene para relacionarse con el mundo de las mujeres. Cada varón toma forma por medio de un encuentro específico, compuesto de luces y sombras, que siempre deja su impronta sobre el modo en el que se va a mover su búsqueda de afecto: el inconsciente selecciona sus encuentros y dirige su deseo a partir de estas experiencias primarias y sus vicisitudes, en busca de una mujer que pueda dar respuesta al sentimiento profundo de estar solo.

Reflexionar sobre la relación con la madre es, por eso, muy importante para el varón, que debe entender en qué posición se encuentra respecto a la imagen interiorizada de su madre, tal y como su historia la ha establecido: entender esto de uno mismo es necesario para avanzar con libertad creciente hacia el mundo de las otras mujeres, que no son ni pueden ser la repetición del arquetipo materno.

Pero es una reflexión importante también para la mujer: como madre de hijos varones debe, en efecto, entender cuál es la posición que ha de tener en relación con ellos, si no quiere obstaculizar la felicidad del hijo en la relación con la mujer que este elegirá, y la de la mujer que va a elegir amar a su hijo.

La agresividad

A favor del movimiento sano de separación de la madre interviene una fuerza interna que, como he señalado antes, es muy importante: la pulsión agresiva.

Hoy en día, la palabra *agresividad* está muy castigada, porque tiene una connotación solamente negativa. ¿Pero qué se incluye en el concepto de agresividad?

Su raíz etimológica subraya un valor potencialmente positivo: *ad-gredior* significa "sigo adelante, avanzo". Por eso señala una fuerza que incluye dinamismo, expansión, autoafirmación. Como recoge el *Diccionario crítico de psicoanálisis* de Rycroft, la agresividad es aquello que «proporciona la energía para poner el Yo en condiciones de superar los obstáculos para la satisfacción de otras pulsiones». Entre estos obstáculos, el primero que encuentra el pequeño varón es precisamente la tendencia regresiva, que le induce a temer aquello que por otra parte desea: alejarse de los brazos seguros de la madre para crecer y explorar el mundo. El impulso natural del ser humano es apartarse de la fusión simbiótica hacia la identidad. Pero este movimiento para convertirse en sí mismo requiere la construcción progresiva de «límites» capaces de marcar la diferencia: ser uno mismo significa no ser como otro, tener pensamientos y deseos de los que sentimos una plena propiedad. Significa, en otras palabras, tener un límite propio, ya sea físico o psíquico.

Los brazos de la madre son un lugar acogedor, pero pueden convertirse también en un lugar que desalienta, o que aprisiona el crecimiento, sobre todo si una madre demasiado ansiosa transmite una percepción del mundo como un lugar lleno de peligros. En este caso, la pulsión agresiva sirve precisamente para apoyar el empuje hacia la diferenciación, a la afirmación de sí mismo: no es casual que las palabras clave del niño, entre los dos y los tres años, sean «yo/no/mío», que giran en torno a la necesidad de afirmar su diferencia. Son las palabras que marcan la consciencia naciente de la propia identidad, ya sea en el pequeño varón, ya en la pequeña mujer. Sirven para regular las distancias, para reservar posición para uno también en relación con las expectativas de los demás. Hacen que el niño sea más difícil de gestionar, pero manifiestan un paso en el crecimiento: el adulto no ha de temer encarrilar, guiar y regular con seguridad y tranquilidad los comportamientos frecuentemente rebeldes del niño, y al mismo tiempo debe sentirse contento de que llegue este paso.

Ciertamente, la agresividad no es un tema exclusivamente masculino, pero si pensamos en lo que he dicho sobre el recorrido concreto de desarrollo de la identidad del varón, se vuelve más claro por qué el pequeño hombre se presenta con frecuencia como más «agresivo» respecto a la niña: para él, la necesidad de diferenciarse y alejarse del mundo materno es una tarea más urgente, necesaria y difícil que para ella. Por eso exige una modalidad que puede ser más drástica, sobre todo cuando la fuerza de la relación con la madre o su esfuerzo por dejarle ir suponen el peligro de verse absorbido en una dimensión fusional fascinante, pero regresiva y feminizante.

Existe entonces, sobre todo en el varón, una cuota de agresividad fisiológica añadida, que es importante aprender a entender y a gestionar serenamente: ha de ser considerada como una energía vital que encauzar, no una componente peligrosa que bloquear. La pulsión agresiva en su dimensión positiva es un movimiento interior de deseo autoafirmativo, y representa una fuerza que apoya el cambio; como se ha dicho, indica la capacidad de señalar el proprio límite. En esta misma fuente de energía tiene su origen el espíritu competitivo del varón, así como el placer de superarse, de emplear el propio cuerpo en empresas difíciles: el gusto por el deporte, el movimiento, la competición, la lucha. Si el cuerpo es la base natural del proceso identitario, no es extraño que el varón invierta muchas energías en lo relacionado con la fuerza: el varón, potente y vulnerable en su sexo tan expuesto, necesita entrenarse constantemente para vencer el miedo y escapar a la tentación constante de regresión, de volver a la modalidad de funcionamiento infantil y dependiente que ha caracterizado en la primera fase de la vida su relación con la madre.

El varón muestra un interés fuerte hacia todo lo cuantificable, le atraen los *record*, los desafíos. Necesita medirse con los demás varones, también físicamente, para establecer jerarquías, y debe ponerse a prueba: medirse es un imperativo masculino importante, que sirve para situarse en el mundo y encontrar su propia posición; el universo masculino es mucho más jerárquico que el femenino, que tiende, en cambio, a la construcción de redes más paritarias.

Es importante que el ambiente educativo, familiar y escolar comprenda este modo masculino de actuar, para poder apoyar adecuadamente el proceso de desarrollo. Casi siempre las mamás y papás se sitúan instintivamente de modo diferente respecto al hijo: las mamás tienden a sintonizar principalmente con las frecuencias emotivas del hijo; desean que se sienta seguro, que se sienta amado, que se sienta especial. Piensan que la autoestima y la seguridad en sí mismo nacen sobre todo de que el hijo sea muy valorado por el mundo de los adultos que le rodean. Es decir, tienden a subrayar todas sus dotes, a recompensarle y ahorrarle el esfuerzo y todas las experiencias potencialmente frustrantes.

Los papás, en cambio, cuando se sienten libres para seguir su instinto masculino, tienden más bien a empujar a los chicos a lanzarse, a ponerse a prueba y atreverse, a veces esperando mucho de ellos. Tienen también cierta dificultad para modular sus expectativas. Por este motivo, aunque consiguen construir fácilmente una buena alianza con los hijos más capaces, en cambio se encuentran frecuentemente incómodos con el hijo que consideran más delicado o vulnerable, que es precisamente el que les necesitaría más. Los papás tendrían que entender, en cambio, que uno de los motivos por los que a veces las madres «se entrometen» y no favorecen la relación directa de los hijos con ellos (especialmente si los perciben como frágiles) es precisamente el miedo a que el padre pueda aplastar o mortificar con su actitud al hijo más vulnerable. Por este motivo tienden a veces a mediar excesivamente la relación, para proteger al hijo de una experiencia que temen que pueda ser percibida como rechazo.

La cuestión es, por eso, que todos encontremos la justa medida.

El hijo varón, y el vulnerable con mayor motivo, siempre tiene una necesidad extrema del padre.

Cada hijo tendría que poder hacer la experiencia de gustar a su padre y recibir su aprobación. Un padre que no se mete con él, que no le aplasta con su fuerza, con su conocimiento, con el sarcasmo o con la ironía; sino que, en cambio, se interesa por su crecimiento y es capaz de valorar no tanto el resultado como el esfuerzo, la tenacidad, el carácter. Los padres deben poner freno al deseo inevitable de encontrar en los hijos una satisfacción narcisista: tienen que estimularles, acompañarles, ayudarles a graduar los desafíos, conscientes de que la verdadera seguridad en uno mismo nace de hacer la propia experiencia, bajo la mirada confiada y estimulante de alguien que, como un entrenador deportivo, cree en sus posibilidades y les estimula para que las expresen al máximo.

Por lo que se refiere a las madres, tienen la tarea de aprender a poner freno a la preocupación por aquello que le podría pasar al hijo cuando está fuera de su control (ponerse enfermo, hacerse daño, etc.) y no tener demasiado miedo por su fragilidad. También corresponde a las madres la tarea de reclamar con fuerza a los padres que se ocupen de manera más personal y directa de los hijos, «en masculino», conscientes de que el acceso del hijo al mundo de los hombres pasa por otros hombres.

La experiencia clínica nos pone ante muchas dificultades masculinas que precisamente tienen su origen en una integración insuficiente de la experiencia infantil en este campo.

A veces, en la historia de estos hombres, se percibe que han vivido demasiado frágiles y necesitados de protección: se les ha tenido lejos de la experiencia física del deporte y la competición, se les ha animado a invertir sobre todo, cuando no en exclusiva, en su inteligencia y en el rendimiento escolar.

Otras veces, las biografías revelan una vivencia antigua de la madre como persona frágil y necesitada de protección, como mujer que ha sido dejada sola por el hombre, o que ha sido víctima de la prepotencia masculina; el niño se ha vivido a sí mismo como apoyo de una madre querida y poco autónoma.

Dada la dinámica del inconsciente y el fuerte vínculo que tiene el hijo varón con la madre, se puede generar una personalidad adulta que no ha integrado la pulsión agresiva: entonces no solo se le niega aquello que es realmente agresivo porque hace daño a otro, sino también lo que es capaz de producir contraposición o conflicto, todo lo que puede provocar la desaprobación o suscitar cólera. El resultado puede ser una personalidad de tipo infantil-condescendiente, que siempre busca el consenso y sufre por la falta de consideración de los demás. Es una personalidad escasamente afirmativa, que con frecuencia no sabe atender a los propios deseos y que no consigue desarrollar plenamente sus potencialidades, por la dificultad para orientar posibles contrastes y tolerar la falta de consenso.

Después, también hay hombres que han percibido una desaprobación constante de todo lo que se refiere a su pulsión auto-afirmativa, muchas veces interpretada por el entorno como agresividad. Frecuentemente son hijos de padres poco presentes y de mujeres que han vivido de forma negativa las características más activas del hijo varón, como su exhuberancia, su impulsividad, la facilidad para ensuciarse, su intento de afirmarse de un modo que se vive como prepotente.

Estos hombres pueden crecer con una vivencia de la pulsión agresiva de modo ambivalente y no integrado: algo culpabilizadora, pero al mismo tiempo algo necesario para defender una personalidad aun no del todo adulta.

De esto deriva una modalidad que podríamos definir como de tipo infantil-demostrativo, constantemente tendente a buscar la atención y valoración de los demás, de quienes pretende aquel reconocimiento de sí y de su propio valor que nunca ha conseguido obtener plenamente.

La característica de estas personalidades, si son hombres inteligentes, es que muchas veces tienen razón y se equivocan a la vez. Tienen razón en los objetivos, entre los que se encuentran mostrar por fin su valor; en cambio, se equivocan en las formas, que son de tipo reivindicativo y demostrativo. Esto, aparte de revelar su origen infantil, muchas veces tiene como consecuencia el fracaso del verdadero objetivo: una vez más, el varón va a percibir que se le desaprueba a causa de sus formas «agresivas», y por eso no logrará obtener esa plena satisfacción que desea.

Hemos de recordar que la agresividad, entendida como fuerza vital, sirve al varón para aprender a *afirmar* –competencia importante, y muy distinta de *demostrar*–. La palabra «afirmar» se refiere, en efecto, a la capacidad y al placer que supone dar a las cosas una forma que responde a nuestro pensamiento: nosotros afirmamos eso en lo que hemos aprendido a creer, al margen del pensamiento que los demás puedan tener sobre las cosas en las que creemos.

En cambio, querer «demostrar» algo a los demás nace con frecuencia de un bajo sentido de la autoestima: no nos sentimos seguros de nosotros mismos y de lo que queremos afirmar, y por eso necesitamos el aval de los demás sobre nuestro ser y nuestro obrar. «Demostrar» se convierte entonces en una forma de defendernos preventivamente de las críticas que tememos recibir. Tenemos que responder a presiones internas y externas que percibimos como negativas: por este motivo, si afirmar se refiere al campo de la seguridad, de la identidad y de la fuerza, querer demostrar algo a toda costa se refiere con más facilidad al ámbito de la inseguridad y de la prepotencia.

El varón se vuelve adulto cuando ha aprendido a transformar la pulsión agresiva/deseosa en capacidad afirmativa, y en aquella fuerza creativa que es capaz de activar y fecundar la realidad: su potencia.

Educar la agresividad

En conclusión, la pulsión agresiva, correctamente interpretada, supone una energía vital que, en cuanto tal, no ha de asustar a los adultos. En cambio, es importante ayudar a los niños a controlarla y a encauzarla poco a poco, porque es indispensable que el pequeño ser humano aprenda a tener en cuenta no solo a sí mismo sino también al otro, y la legitimidad de sus exigencias.

Es importante subrayar que la agresividad diferenciadora y sana nunca alcanza tal intensidad que pueda asustar a un adulto: normalmente se expresa en pequeñas rebeliones, desobediencias y caprichos que, con un poco de paciencia, decisión y buen humor no resultan demasiado difíciles de gestionar. Pero actualmente es frecuente que quien se ocupa de cuestiones educativas y relacionales tenga que hacer frente a situaciones que se presentan como decididamente problemáticas, y que podrían inducir a pensar que hay un aumento importante de la tasa de agresividad patológica de los niños.

Como en el siguiente caso:

Giovanna y Luigi son una pareja «normal»; llevan 12 años casados, han tenido sus dificultades, pero se les ve unidos y se quieren. El motivo por el que se dirigen a mí es una consulta urgente que se refiere a su hijo menor, Carlo, de siete años. Desde hace varios meses, Carlo les tiene en jaque con episodios de agresividad cada vez más preocupantes, tanto que el padre, dirigente de empresa acostumbrado a gestionar a personas distintas que dependen de él, ha tirado la toalla y ha pedido a su mujer que busque un psicólogo que les ayude. Carlo es un niño bueno, que quiere a sus padres. Pero, cuando su madre le contraría en cualquiera de sus peticiones, empieza a gritar y a tirar todo lo que tenga a mano, sin que sea posible detenerle. Exasperada por la imposibilidad de pararle, la madre llama por teléfono al padre: muchas veces Giovanni ha tenido que dejar el trabajo para ir corriendo a casa a ayudarla. Ahora, también Giovanni está exasperado: ese pequeño que no le llega más que a la cintura hace que se sienta impotente y frustrado, sobre todo porque él y su mujer no llegan a ponerse de acuerdo sobre la forma de intervenir: se pasan la responsabilidad, y llegan a discutir con frecuencia.

Hoy en día hay muchos menores (sobre todo varones) a quienes sus padres describen como hiperagresivos e incontrolables.

Muchas veces se trata de niños muy queridos, acostumbrados a ver satisfechas todas sus demandas por unos progenitores solícitos con ellos. Han aprendido a ponerse al mismo nivel que el adulto y a contratar cada cosa como iguales; reaccionan hasta de forma muy violenta cuando se les contradice en sus deseos.

Las causas de este fenómeno creciente son múltiples, pero entre ellas está ciertamente la dificultad que tienen estos niños para entender su posición en relación con el adulto. Como son amados y mimados, procuran conjugar la autoafirmación («hago lo que me apetece» / «soy mayor») con el vínculo («somos iguales, entonces no separados» / «tengo poder sobre ti»). Pero la ambigüedad de esta posición de aparente fuerza representa para ellos una trampa mortal: en realidad, para hacerse mayores les hacen falta adultos que sepan decidir cómo graduar las experiencias, que sepan señalar la ruta y enseñar los comportamientos más adecuados, ampliando progresivamente la esfera de autonomía hasta que el que está creciendo sea capaz de regular por sí mismo su comportamiento y sus decisiones, sobre la base de los valores que va definiendo como importantes.

La explosión excesiva de rabia suele producirse en relación con adultos que se viven como «concesores», dispuestos a todo con tal de no perder el amor y la consideración de los hijos. Esta rabia descontrolada manifiesta un estado de descontento y ansiedad: el niño que se siente más fuerte que el adulto, en realidad, vive también con la sensación de haber sido dejado solo y en dependencia de sí mismo.

El niño, y especialmente el varón, tiene verdadera necesidad de que el adulto sepa comprender y orientar sus episodios de agresividad. Por eso, también en las situaciones que nos parecen más difíciles y que más nos ponen a prueba, es muy importante no dejarse dominar por el miedo: hemos de recordarnos que, incluso tras las manifestaciones más prepotentes, está siempre un niño, y que ese niño espera de nosotros precisamente esa capacidad de equilibrio que todavía le falta.

Si, en cambio, le hemos permitido destruir algo o hacer daño a otro sin detenerle, una vez terminada su furia, el niño tendrá que hacer frente a los daños causados: entonces sentirá, por una parte, que tiene que tratar con padres impotentes, más frágiles que él y por ello incapaces de contenerlo y de ayudarle a parar. Estar «descontrolado» hace que se sienta muy asustado por la intensidad de sus emociones y por la imposibilidad de controlarse, y crea una espiral negativa y peligrosa. Para ayudar a Carlo no ha hecho falta conocerle personalmente ni someterle a un test de personalidad para comprender «su» problema. Ha bastado acompañar a sus padres para comprender lo que estaba pasando, y darles apoyo (sobre todo al padre) en la tarea de intervenir del modo más oportuno.

Cuando nos encontramos ante situaciones en que los niños son «demasiado» agresivos, es importante, en primer lugar, detenerse a reflexionar sobre la propia vida familiar. Sin querer, a veces sometemos a nuestros hijos a tiempos y modos que responden sobre todo a las exigencias adultas, a nuestra constante falta de tiempo, a ir deprisa. Tenemos nuestras tablas de progreso, nuestros objetivos, que difícilmente tienen en cuenta sus tiempos y sus objetivos. No es casual que muchas de las disputas más furiosas se produzcan en relación a los deberes escolares, que nosotros querríamos que hicieran enseguida y bien, puede que metiéndolos entre la hora de tenis y la de música... Es necesario preguntarse si el tiempo y las actividades de nuestros hijos están bien medidos, si hay una alternancia adecuada entre actividades, juego y descanso: nuestros niños tienen demasiadas obligaciones, que no siempre son tan necesarias, y poco tiempo libre, que es indispensable para disolver en el juego las tensiones acumuladas en sus intensas jornadas.

Después, tenemos que observarnos, tratando de recordar que ellos nos observan sin contar con los instrumentos para entender lo que ven o sienten: las tensiones entre adultos son inevitables, y a veces también a nosotros se nos va de las manos la agresividad. Podemos aprender a controlarnos mejor si nos vemos a través de los ojos de nuestros hijos. En todo caso podemos aprender a pedir perdón y hacer las paces.

Cuando además, como en el caso de Carlo, se producen crisis de rabia, lo primero que deben recordar los padres es que no deja de tratarse de un niño: los adultos son ellos, y tienen que ser firmes en impedirle que destruya o dañe a personas o cosas. Hay que detener y calmar al niño fuera de control, más con la acción que con la palabra. Es necesario evitar ese excesivo uso de las palabras que es la mayor tentación en estos momentos difíciles (¿quién de nosotros no sabe por experiencia que no hay nada peor que ser invitados a controlarnos precisamente cuando estamos a punto de perder el control?). Solo después, cuando haya bajado la tensión, será útil decir algo sobre el episodio.

La experiencia de poder poner en jaque al adulto siempre conlleva una mala regulación del impulso agresivo. Por eso es importante aprender a evitar los errores más frecuentes: si el adulto se rinde, y la prepotencia «gana», el hijo puede elegir la prepotencia como estilo de vida; si los adultos recurren a la estrategia del chantaje afectivo, haciendo que el niño sienta cuánto daño les hace su actitud y lo mucho que les hace sufrir, al principio podría funcionar, pero el resultado a largo plazo es la inhibición culpable de cualquier movimiento agresivo, también el sano.

Pero tampoco el exceso de severidad da resultado: el adulto que aplasta al niño prepara, de hecho, un ánimo vindicativo, dispuesto a manifestarse en cuanto cambien las relaciones de fuerza.

Lo que necesita el niño es sentir que los adultos saben lo que le pasa, que no le tienen miedo y no renuncian a su papel, pero que, por otra parte, no le chantajean, ni se vengan cuando le castigan (como sabe que merece). Simplemente son «justos» y capaces de detenerle y ayudarle a regularse, porque es este el único camino que a él le va a permitir hacerse poco a poco con el control adulto de sí mismo.

El sexo

La anatomía y la fisiología del varón portan un dato específico y concreto: el órgano sexual no solo es externo y bien visible, sino que también tiene una doble función, la ligada a la reproducción y la vinculada a la excreción. Por medio del mismo órgano el hombre emite el semen que fecunda, pero también la orina, un líquido que ensucia y quema. Esta característica connota la experiencia del cuerpo sexuado de un modo desconocido a la mujer, y en torno al que se estructuran diferentes desafíos y dificultades.

Antes de la pubertad el niño conoce su pene solo como órgano excretor, pero al mismo tiempo sabe que precisamente ahí se concentran también sensaciones incluso intensas de placer, relacionadas con verse *a-traídos* hacia algo erógeno.

Es importante recordar que el pene del niño es el lugar en el que confluyen sus estados de excitación, cualquiera que sea su origen. También la tensión ligada a la agresividad o a emociones fuertes, de signo positivo o negativo, puede constituir una fuente de excitación que se concentra en el pene, provocando una erección. La experiencia de erecciones espontáneas en algunos momentos, como por ejemplo al despertarse por la mañana, acompaña la vida masculina desde la más tierna edad.

Solo la pubertad, con las primeras poluciones nocturnas, desvela al varón la experiencia de un alivio pleno de aquella tensión, que se manifiesta por medio de la emisión incontrolada de un líquido distinto de la orina, pero que mancha y ensucia a su vez. El hecho de que las primeras poluciones sean un fenómeno nocturno, que suele producirse en el sueño, conlleva una confusión inevitable con otra experiencia antigua, la enurética infantil: remite a la primerísima infancia, antes de la adquisición de la capacidad de control esfintérico, cuando el niño se ensucia y se moja. También es una experiencia relacionada con las sensaciones agradables, que evocan cuidados primarios: el contacto agradable con un líquido cálido y los cuidados delicados del área genital ofrecidos por la madre en la limpieza del niño.

El inconsciente conserva una huella profunda del modo en que se ha enseñado al niño a mantenerse limpio: el adulto que enseña el control de esfínteres puede haber sido capaz de graduar el aprendizaje, o ha sido tal vez demasiado rígido; se puede haber mostrado tolerante durante el itinerario, o intolerante, reprobador o castigador cada vez que el niño se ensuciaba.

La conexión inconsciente entre ambas experiencias —emisión de esperma y emisión de orina— es inevitable; por eso se requieren nuevas sistematizaciones psíquicas para integrar en el yo la nueva experiencia y darle un significado. El varón se encuentra ante el reto de gestionar un nuevo poder: algo que da placer y desahoga la tensión, pero que, por otra parte, es difícil de controlar.

En esta labor de búsqueda y elaboración, el varón está muy solo, tristemente. Para estas cuestiones no puede pedir ayuda a la madre, que se le presenta ahora a nivel preconsciente en toda su dimensión femenina, a quien, por tanto, es necesario mantener alejada, para preservarla de esta nueva área de experiencia, tan ambigua. No puede compararse abiertamente con los otros varones: mientras muchas chicas de la misma edad hablan libremente sobre la menstruación, los varones no pueden hacer lo mismo, precisamente porque la asociación inconsciente de la polución con una pérdida del control esfintérico conlleva una percepción confusa de incomodidad y vergüenza, que hace casi imposible hablar de ello. Por eso es urgente para el varón transformar esta experiencia de «pérdida del control» asimilable a una enuresis nocturna, en una experiencia de control activo y claramente vinculada a temáticas sexuales: esto explica la difusión de la masturbación sobre todo en la primera adolescencia, cuando el varón está luchando con la necesidad de apropiarse de este fenómeno nuevo.

El paso por la masturbación (si es temporal y no invasivo) es, en este sentido, para el varón un fenómeno en parte fisiológico, porque le permite hacerse con una especie de control activo sobre lo que sucede en su cuerpo, situando la experiencia en un área plenamente sexual y genital, diferente de esa otra más infantil y regresiva que toca al control esfintérico uretral.

También se trata de una experiencia mucho más compartible con los otros varones, aunque lo que se comparte se limita a los aspectos más rudos (frecuentemente de naturaleza defensiva) y excluye en cambio lo que es verdaderamente íntimo y personal. Su función es principalmente asegurarle al varón que es normal lo que le ocurre, y que eso le permite situarse en el mundo de los hombres.

El aprendizaje del autocontrol, la capacidad de dar dirección al impulso, de comprender el valor del sexo y poner el propio impulso al servicio de la capacidad de amar son competencias complejas que requieren tiempo y muchas veces avanzan, como cualquier experiencia humana, a base de ensayo y error.

El inconsciente masculino mantiene siempre —y en todo caso dentro de sí— el recuerdo de esta confusión originaria de experiencia. La sexualidad lleva implícita, entonces, la huella de la experiencia de ensuciar, así como aquella infantil y pregenital de la confusión entre agresividad y excitación.

La experiencia madura y saciante de la sexualidad humana, vivida como intercambio pleno entre un hombre y una mujer que se quieren, exige al varón un recorrido largo y nada banal, que tiene su punto de partida en el momento en que el niño se encuentra con la diferencia sexual que le convierte en el «portador del pene».

Se trata de un descubrimiento que, desde el principio, tiene una doble connotación de percepción de orgullo y fragilidad. El órgano sexual masculino es, en realidad, fuente de sensaciones intensas y concentradas, que producen, cuando el pene está erecto, una vivencia de potencia; pero el mismo órgano también está físicamente expuesto y desprotegido, así que está permanentemente en peligro. Está en evidencia, se puede comparar con el de los demás varones y se ve sometido al riesgo del juicio de las chicas, con un constante peligro para el propio equilibrio narcisista. Además, la sensación de fuerza de la erección se alterna con la sensación de vulnerabilidad del pene flácido, y con el miedo constante de que esta misma potencia maravillosa se debilite o decaiga.

El varón debe aprender a controlar su propio deseo, a orientarlo hacia un objeto de amor estable, a templar el movimiento pulsional agresivo con la capacidad de amor y la atención a las necesidades de la mujer.

La consideración de todas estas variables explica muchas dificultades que pueden surgir en el campo sexual. Aunque esta no sea la sede para un análisis detallado de las diversas dificultades, pienso que puede ser útil revisar rápidamente algunas, por su frecuencia y por el sufrimiento relacional que pueden suponer.

Una primera dificultad se refiere precisamente a la integración de la agresividad en el ámbito sexual. La pulsión agresiva bien integrada soporta en todos los campos las capacidades activas del varón: no es excepción la capacidad activa indispensable para una buena expresividad sexual. En este campo, los hombres que se han sentido exageradamente culpabilizados por sus pulsiones agresivas infantiles pueden llegar a vivir como peligroso el acto sexual en sí mismo, porque requiere la penetración (y por tanto un acto intrusivo) en el cuerpo de la mujer. Esta percepción inconsciente puede volver al varón temeroso en la aproximación y puede interferir gravemente con la buena relación sexual de la pareja, hasta hacer imposible, en los casos más graves, el emparejamiento.

Después, hay muchos hombres incapaces de encontrar un buen equilibrio entre eros y ternura. Para algunos, el acercamiento sexual es extremadamente directo y exclusivamente genital. Muchas veces son hombres que no han tenido la experiencia de una verdadera confianza con la figura materna y para los cuales la cercanía afectiva es un lenguaje de alfabeto desconocido.

Identifican su masculinidad solo como fuerza, y temen la parte femenina de sí mismos y de la relación, porque tienen miedo de que el contacto demasiado estrecho con la feminidad les pueda volver vulnerables. Muchas veces, las mujeres los admiran porque dan la sensación de una gran seguridad en sí mismos, pero sufren por no encontrar en ellos una verdadera capacidad de escucha y de intimidad.

Otros, en cambio, necesitan mantener estrictamente separada de la experiencia genital erótica esa otra más maternal de la ternura, como si la mezcla desencadenase una potencial vivencia incestuosa, de carácter peligroso.

Si el hijo no ha logrado una distancia psicológica suficiente de su madre, a veces puede ser difícil para él amar sexualmente a su mujer cuando se presenta en su dimensión de madre: embarazada, por ejemplo, o como mamá de niños pequeños. En situaciones como estas, el hombre puede sentirse dividido entre el amor afectivo a la mujer-madre y la atracción erótica hacia otras mujeres, a las que elige según un código no materno. No deja de ser frecuente entre parejas encontrar episodios de traición que se producen precisamente en el momento en que la mujer espera un niño, quizá muy deseado por ambos: como si la nueva posición materna de la mujer, su vientre inflado, el niño al que contiene, la convirtieran en un objeto a la vez sacro y peligroso. En estos casos, en el inconsciente parece avanzar la prohibición poderosa de desear y poseer sexualmente a una mujer que se ha vuelto peligrosamente parecida a la madre, mientras crece el impulso a buscar en otras mujeres no-maternas la demostración de que es un hombre y no un niño.

Además, hay hombres atrapados en la esfera materna y pregenital: corren el riesgo de deslizarse por una posición de pasividad, en la que la fascinación de los contactos pregenitales supera la dimensión penetrativa, que se pone en acto, pero de forma apresurada, como una tarea de mero desahogo, sin la capacidad de un intercambio adulto satisfactorio para la mujer.

Este intercambio requiere acoger las componentes agresivas sanas sin temerlas, poniéndolas al servicio de las capacidades asertivas, pero también necesita una buena potencia sexual. En este sentido, un exceso de ternura sin una buena integración de las pulsiones agresivas denota una modalidad sexual inmadura, de tipo infantil, apegado y exigente.

No raramente sucede que estos hombres eligen inconscientemente a mujeres más seguras y decididas que ellos, incluso un poco agresivas, en relación con las cuales acaban sintiéndose temerosos. Muchas veces son hombres que, debido a su propia historia relacional, están poco seguros de su fuerza masculina, y desean sentirse acogidos, aceptados y amados por su mujer, pero sobre todo que ella les confirme en su propia masculinidad.

Se trata de una configuración relacional inevitablemente problemática, porque pedir confirmación de su propia masculinidad pone al hombre en la posición del hijo que quiere verse asegurado. Con ello se hace imposible, de hecho, aquella confirmación que busca.

Como se puede apreciar en estas breves líneas, el problema es realmente muy complejo, porque la dificultad sexual es muy raramente un «problema de sexo». Casi siempre se trata de una dificultad en la que se suman muchos factores: a los de tipo personal (como los que he señalado) se añaden los de tipo relacional, vinculados a las expectativas del otro componente de la pareja, al modo en que se presenta, al modo en que interpreta lo que sucede, al modo en que reacciona. No es raro que se creen círculos viciosos involuntarios y perniciosos, que en ocasiones la pareja no puede llegar a disolver sin ayuda.

En todo caso, es importante que la mujer aprenda a salir de una lectura simplificada y superficial del universo erótico del varón, para estar a su lado como una verdadera compañera, en la búsqueda de un equilibrio entre eros y ternura, entre genitalidad y pregenitalidad.

El lenguaje sexual se construye juntos: queriéndose, expresando los propios deseos y temores, dándose todo el tiempo necesario para un conocimiento que debe adquirir profundidad con el tiempo.

Los temas de la agresividad y la confianza son importantes: en la relación física con el hombre, la mujer tiene que aceptar someterse a él, dejarle espacio, ponerse en una posición «abierta». Esto requiere una actitud de confianza, que no tiene miedo de la agresividad. El hombre, en cambio, necesariamente tiene que asumir una posición que también es activo/agresiva, pero para obtener la confianza de la mujer no debe perder la capacidad de conectar afectivamente con ella, por medio de una modalidad que le haga sentirse amada y respetada.

Por tanto, a ambos se les pide una adaptación, un paso que avanza hacia el otro, más allá de sí mismo y de la propia y espontánea modalidad de funcionamiento.

Por este motivo, la relación hombre-mujer puede representar una experiencia de abatimiento, o ser, por el contrario, un momento de entendimiento muy profundo y el punto más alto del encuentro y del don entre dos identidades diferentes.

Entender la confianza y comprender la fuerza-amor son procesos que requieren un movimiento y un desarrollo en el tiempo, ya sea personales o de pareja: la confianza de la mujer es una llamada a la fuerza buena del hombre; la fuerza buena del hombre es llamada y garantía de la confianza de la mujer.

Volviendo a san Pablo: ¿y si la sumisión fuera disponibilidad confiada, y el dominio fuerza generativa?

III.
LOS OBSTÁCULOS

Narcisismo

Un amigo que, desde hace tiempo, se dedica a ayudar en el estudio a jóvenes universitarios, me preguntaba sobre los chicos de hoy. Subrayaba en ellos dificultades que me han impresionado porque, tras la aparente heterogeneidad, parecen esconder una fragilidad general, una carencia de aquella potencia buena a la que hacía referencia.

¿De qué dificultades se trata? Trato de listarlas en orden disperso.

- Una especie de «bloqueo decisional», para empezar: los chicos parecen desorientados, hasta en las cosas pequeñas, por el exceso de posibilidades que tienen por delante. No quieren cerrarse ninguna posibilidad para su futuro, esperan siempre esa «mejor», y por eso no deciden.
- Una especial incapacidad para gestionar los fracasos: el ansia de recompensa es muy alta, a veces paralizadora.
- Prestan una atención muy acentuada a su aspecto: ya no es infrecuente encontrar varones sin problemas objetivos de peso que se ponen a dieta, que se preocupan de las calorías.

También ha aumentado el interés por la moda y se pueden encontrar chicos que salen juntos «a ver escaparates».

- Conjugar afectos y trabajo parece haberse convertido en una tarea demasiado compleja; cuando estudian se sumergen en exceso, cuando se enamoran no consiguen «despegarse» para poner la cabeza en el estudio, porque la historia afectiva les absorbe por completo.
- Parece haber en ellos una carencia en capacidad de escucha y empatía.
- La sexualidad ha adquirido una derivación pornográfica preocupante, y la actitud en relación con las chicas es con frecuencia como depredadora.
- Falta muchas veces la capacidad de estar en intimidad consigo mismos: siempre están «fuera», proyectados en el exterior. Estar solos les asusta y les aburre.

Pienso que el elemento común a las dificultades que se presentan en ámbitos en apariencia tan heterogéneos se puede comprender mejor si se unifica bajo una categoría única: la de fragilidad narcisista.

El *Diccionario crítico de psicoanálisis* de C. Rycroft define el narcisismo como «cualquier forma de amor a sí mismo». Y precisa: «Una dificultad importante del concepto es que, por una parte, la palabra narcisismo tiene una inevitable connotación de menosprecio, mientras que por otra se usa como término técnico para comprender todas las formas de inversión de energía (libido) sobre el yo».

Invertir energías en el yo, tener amor a sí mismo, son actitudes positivas y necesarias para un proceso de crecimiento sano. En consecuencia, es necesario distinguir lo que podríamos llamar «narcisismo sano» de todas las formas de hipervaloración disfuncional del Yo, operada de modo consciente, pero sobre todo de modo inconsciente. Es necesario distinguirlo de la persona que presenta un fondo de fragilidad narcisista.

¿Pero en qué sentido las dificultades que he listado se incluyen en la categoría de fragilidad narcisista? ¿Por qué el modo de funcionar descrito por mi colega se ha vuelto tan común hoy en día? Además: ¿cómo podemos explicar esta mezcla compleja de inseguridad y grandeza, vulnerabilidad y sentido de omnipotencia, que constatamos con tanta frecuencia en las últimas generaciones? Esta fragilidad, esta dificultad para enfrentarse a la vida real, este miedo de comprometerse en relaciones profundas y estables, parecen la respuesta paradójica a una actitud de los padres, que nunca han estado tan preocupados por garantizar a los hijos la autoestima y la sensación de ser amados: los padres hacen de este punto la clave de su compromiso con los hijos, justamente convencidos de que la autoestima y la sensación profunda de ser amados son la base indispensable para una vida lograda y feliz.

¿Entonces dónde está el error?

La respuesta a esta pregunta pasa por aclarar el fundamento de la auténtica autoestima y lo que significa verdaderamente sentirnos amado por lo que somos. Pero también pasa por preguntarnos en qué pensamos cuando imaginamos para nuestros hijos una vida lograda y feliz, y les orientamos a perseguirla, tratando de proveerles de aquellos instrumentos que nos parecen más adecuados.

Quien más quien menos, todos tenemos en la mente objetivos de vida que proceden de nuestra cultura: las expectativas que tenemos sobre nuestros hijos hablan de un alto nivel en los estudios, logro profesional, carrera, éxito económico. Tenemos la imagen de jóvenes que estarán tanto más satisfechos cuanto más se puedan encontrar en posiciones sociales de prestigio y visibilidad. Nos sentimos dispuestos a apoyar cualquier proyecto suyo auto-afirmativo, también cuando pudiera suponer el retraso *sine die* de un compromiso afectivo estable, o la formación de una familia. Apoyamos sus proyectos individuales, sin llegar a sacar a la luz la importancia de tener también proyectos relacionales.

Pero si el objetivo es este, si pensamos que la fuente de la felicidad se encuentra ahí, esto también incluye un cierto planteamiento de la relación educativa: tenemos que hacer que se sientan «especiales» desde muy pequeños, y buscar como sea la forma de que sean cada vez más especiales, porque creemos que su bien se va a encontrar en el éxito. Nuestros hijos no pueden decepcionarnos, *deben* ser eso que nosotros necesitamos que sean, *deben* corresponder a nuestras expectativas, deben mostrar interés y actitud hacia todo lo que sirve para su éxito, porque solo encontrarán la felicidad si corresponden a todo esto.

Por tanto, el progenitor que señala a su niño como a un caballo vencedor no solo es el que quiere obtener por medio del hijo satisfacción y/o resarcimiento por frustraciones personales. Muchas veces actúa de buena fe, creyendo que de este modo apoya al niño en la autoestima y le da la mejor preparación para la lucha en una vida cada vez más competitiva.

Aquí nace el equívoco trágico de las relaciones educativas actuales: en coherencia con estos objetivos, consideramos que el modo de desarrollar la autoestima consiste en apoyar la omnipotencia natural del niño, recordándole continuamente que es muy importante, lo mucho que vale, que es muy amado, muy capaz y dotado. En consecuencia, nuestro hijo se hace de sí mismo la idea de un ser especial, amado en la medida en que es dotado, en cuanto es satisfactorio para el adulto, por su capacidad de hacer que esté orgulloso de él. Pero al mismo tiempo siente que no puede, de ninguna forma, decepcionar las expectativas de quien le quiere, bajo la pena de perder la autoestima construida sobre el reconocimiento recibido. Por eso, nuestros niños se ven obligados a ser extraordinarios y a perder el contacto con lo que realmente son. Pierden la oportunidad de experimentarse libremente en el *espléndido placer de la normalidad* y, por qué no, de un cierto anonimato: el placer de medirse por medirse, de competir por competir, de *jugar con las cosas* sin tener que demostrar nada a nadie. El puro placer de probar y probarse, buscando lo que de verdad les gusta, lo que realmente desean ser y hacer. El puro placer de jugar es un lujo que nuestros niños ya apenas conocen, porque para ellos todo, también lo que podría ser juego, se convierte en «actividad» y está finalizado a la adquisición de competencias útiles para un futuro de éxito: no les está permitido organizarse solos, aburrirse un poco, pelear algo, escapar al ojo vigilante y premuroso del adulto.

Para crecer en la verdadera autoestima, en cambio, nuestros hijos tendrían que ser acogidos por ojos adultos libres de un exceso de expectativas: cada niño que nace es, ante todo, una criatura nueva, totalmente inédita, venida al mundo para enriquecerlo con sus características, sus dones y sus límites. Nuestros hijos tienen derecho a encontrar su proprio puesto específico en este mundo, y por esto tienen necesidad de nuestra curiosidad y nuestro respeto.

Para desarrollar una buena identidad, lo que más necesita un niño no es un adulto enaltecedor, sino un adulto capaz de «espejarlo». Este término técnico señala la capacidad de observar y apreciar los esfuerzos *reales* que el niño *real* está haciendo en el camino de su crecimiento, respetando sus tiempos. Supone capacidad de ver lo que es, no lo que querríamos que fuese, y estar en contacto afectivo con él: es decir, hacerle percibir nuestro orgullo, no tanto por sus resultados, sino por sus esfuerzos.

Para convertirnos en nosotros mismos y crecer en autoestima es necesario ponernos a prueba y ejercitar nuestras aptitudes bajo la mirada benévola de alguien que no espera «su» resultado, sino que más bien nos anima a encontrar el nuestro, según lo que nos caracteriza desde dentro, nuestras potencialidades y nuestros límites, porque podemos dar fruto creativamente: «nuestro» fruto específico, ese que solo podemos dar nosotros y que nos va a permitir hacer mejor el mundo.

Fuerza y debilidad del yo

Las personalidades narcisistas pueden parecer en un primer momento dotadas de gran seguridad: no es raro que sepan impresionar al otro con la exhibición de sus dotes y éxitos. En realidad, se trata de personas profundamente inseguras, porque basan su seguridad en el reconocimiento que reciben del mundo externo. En este sentido, el éxito se convierte en el objetivo principal para calmar el hambre de una verdadera consideración de sí.

Cuanto más se haya estructurado la personalidad según una modalidad narcisista, tanto más depende la persona de los demás y de su mirada de aprobación para estar segura de existir. Los demás son, en este sentido, alimento de un yo frágil, y la relación con ellos tiende a convertirse en instrumental, deseosa de confirmaciones y aprecio, más que de un intercambio de amor con un objeto real, con características y necesidades propias. Dar y recibir amor, en efecto, es una competencia que requiere identidad.

En condiciones de fragilidad narcisista las relaciones de intimidad se vuelven muy difíciles, porque la intimidad exige reconocer y acoger la propia vulnerabilidad, sin temor a mostrarse al otro como uno es, confiados en poder ser amados.

Como recuerda Stephen Johnson en *Estilos caracteriales*: «Cuanto más narcisistas somos, menos percibimos, escuchamos y sentimos la presencia real de los demás. Son objetos. Nos usamos, nos manipulamos unos a otros, y somos juegos recíprocos. No entramos en contacto, no sentimos, no amamos. [...] Solo está presente a la consciencia la exigencia de recibir valor por medio del éxito. Que este valor sea subrogado del amor —lo que se desea realmente—, que nos sacrifiquemos por un premio de consolación y que en esta lucha se pierda la vida, son realidades demasiado dolorosas de aceptar».

La vulnerabilidad ante los fracasos, la inversión excesiva y unilateral sobre el logro profesional, la atención tan acentuada a la prestancia y al carácter agradable del aspecto físico, la incapacidad para comprometerse en relaciones profundas y estables, son todas características que señalan una fragilidad del yo y una estructuración insuficiente de la identidad. Desafortunadamente, son el modo de ser «en masculino» que está adquiriendo más espacio en el mundo de hoy. La nuestra es una época de personalidades narcisistas, y la personalidad narcisista tiene un centro de gravedad frágil, porque no toma su fuerza del mundo interior, sino del reconocimiento que recibe del exterior. Necesita continuamente verse alimentada por el otro y su mirada no alcanza a ver más allá de los límites del yo. La personalidad narcisista es estéril, porque no le interesan los aspectos realmente generativos de la vida.

La buena noticia es que se puede cambiar. Se trata de un cambio que es necesario hacer de modo personal, sin esperar cambios culturales tan prodigiosos como improbables: cada varón singular, de cualquier edad y condición, que se reconozca en todo o en parte en las fragilidades que he descrito, puede preguntarse a sí mismo y decidir cambiar. Pero es necesaria una mirada nueva y valiente sobre uno mismo, acompañada por una asunción de responsabilidad: sin quererlo, todos estamos influidos por un enfoque psicológico que nos lleva a mirar atrás, más que a animarnos a tomar las riendas de nuestra vida *ahora* y continuar el camino.

Entender el pasado tendría que ser la clave para construir el presente y el futuro, sin recriminar o desesperarse por lo que nos ha faltado, por lo que se ha hecho, por los errores nuestros y de otros, por muy graves que sean.

La asunción de responsabilidades sobre sí mismo es el primer e indispensable cambio, y orienta ya en la nueva dirección. Supone una renuncia a pensar que todo sería distinto si los demás fueran distintos. Significa dejar de pensar en lo que nos falta, en lo que no hemos recibido, en cómo han ido las cosas hasta ahora. Significa decidir que cada día singular es nuevo y está en nuestra mano. Significa volver a empezar por la base: nuestro ser-en-el-mundo con un cuerpo y con una interioridad, que están completamente por descubrir. Significa, ante todo, aceptar que, en cuanto seres humanos, somos limitados, pero el conocimiento de nuestros límites nos puede dar indicaciones de ruta muy útiles sobre el conocimiento de nuestros recursos.

Volvemos a empezar, entonces, por el cuerpo: pensando en primer lugar que nunca es «equivocado». La percepción de tener algo equivocado en uno mismo es muy común en la fragilidad narcisista, y puede empujar en dos direcciones: «hiperinvertir» en el cuerpo, para hacerlo capaz de algo «especial»; o por el contrario ignorarlo, no cultivar ninguna actividad para evitar encontrarse con una percepción de inadecuación que sería demasiado frustrante.

Pero el cuerpo que hemos recibido como don es el nuestro, simplemente, y por eso nunca es definible en categorías de justo o equivocado. Tiene características propias, y debemos familiarizarnos con él para que se convierta en un buen aliado: entonces ya no es un cuerpo-imagen, simulacro que exhibir para obtener la atención y aprobación de los demás (admiración de las mujeres, envidia de los varones), y tampoco un cuerpo-fantasma, que tiene que pasar desapercibido a cualquier precio. En cambio, es un cuerpo-yo, que aporta la base concreta de lo que somos. Debemos tener el cuidado justo, porque por medio del cuerpo experimentamos la vida: en primer lugar, a través de los sentidos, que son nuestras puertas de acceso al mundo exterior. El doctor Claudio Risè, que tanta pasión ha dedicado a su trabajo sobre el mundo masculino, ha escrito sobre esto un libro titulado *Mira, toca, vive*, que propone recuperar el rico repertorio de la sensorialidad: «Tus sentidos son los primeros que te dicen quién eres y lo que debes y puedes hacer», afirma, porque «nuestros sentidos (son) antiguas y perfectas centrales de información, comunicación y relación con los demás y con el mundo».

Hacer actividad física es esencial para el varón. Cuando el cuidado del cuerpo pierde sus aspectos más destacadamente narcisistas, el progresivo aumento de conocimiento del físico y la mayor competencia sobre él constituyen una buena vía para empezar a percibir los límites del yo; sentirse bien en uno mismo se convierte por fin en algo más importante que tener un buen aspecto, y abre a una sensación de plenitud, de placer: la sensación de ser, de estar precisamente ahí, de existir.

Pero la actividad física asume un significado más completo cuando se convierte en fuente de una experiencia compartida: hacer actividad física con otros varones representa un gran germen de energía masculina.

A veces, cuando el sentido de incompetencia es demasiado profundo, puede ser necesario empezar solos: medirse con uno mismo, superarse poco a poco, vencer los obstáculos que suponen el cansancio y el fracaso inicial hasta aceptar que las cosas están bien como están, que somos lo que somos.

Pero, una vez vencido el miedo a la humillación, una vez aceptado que uno es lo que es, que parte del punto exacto en que nos encontramos, la alianza con los demás hombres resulta indispensable.

Se puede realizar entre dos (caminar, escalar, jugar al tenis, ir en barco de vela...), o con muchos (jugar al futbolín, o a cualquier deporte de equipo): los demás varones cuentan. El descubrimiento del yo real necesita que otros estén con nosotros, que compartan las mismas experiencias y nos remitan a la realidad de lo que perciben de nosotros. Por agradable o desagradable que pueda ser, la realidad nos hace estar bien; cuando un hombre deja la máscara de la protección narcisista puede estar seguro de que va a encontrar en los demás un apoyo sustancial, tal vez expresado en forma de broma: cuando se nos puede tomar el pelo y nos convertimos, como todos, en objeto de bromas y risas, entonces podemos estar seguros de que los demás nos han acogido como a uno más, por igual, en nuestro verdadero yo.

En 2007 se estrenó en Italia una película de gran éxito: *Into The Wild*, con Sean Penn, adaptación del bestseller *Hacia rutas salvajes* de Jon Krakauer.

Es una película totalmente masculina, relacionada con los temas clásicos de la masculinidad: el viaje, tomar la medida de las cosas, la relación con la naturaleza, el reto de la muerte. La trama es conocida: recién terminados sus estudios universitarios, realizados para contentar a sus padres, el joven americano Christopher McCandless deja a su familia, con todo lo que ello representa. Emprende un largo viaje que lo va a llevar hasta Alaska, tierra salvaje por excelencia. El núcleo de la historia es la búsqueda de uno mismo; Christopher huye de la herida narcisista que lleva dentro, de no saber quién es ni lo que quiere: solo sabe que no quiere que se le defina por el deseo de los demás, por sus proyectos sobre él. Durante toda la película el chico huye, se aleja del lugar del que ha salido. La lectura que hace de su historia, de la relación entre sus padres y de su relación con él es intransigente, la propia de un chico: los padres representan a un mundo que miente, que vive de falsas seguridades y que acumula cosas porque no sabe encontrar significados y valores. ¿Pero a dónde se dirige Christopher? ¿Qué representa Alaska? Para él, Alaska es el encuentro con su cuerpo, que tiene que luchar y esforzarse por sobrevivir; el encuentro con el silencio, que estimula la mente y hace que salgan a la superficie pensamientos-guía; el encuentro con el miedo, el límite, el esfuerzo y el valor. Pero hacia el final de la película, justo antes del encuentro con el límite extremo de la muerte, Alaska se convierte en el lugar donde el chico aprende que lo esencial para el hombre se realiza en el encuentro con el otro: la célebre frase «La felicidad es real cuando es compartida» sella este descubrimiento, que la película presenta como trágicamente tardío y deja de alguna forma incompleto.

El protagonista de la película se mueve solo: tiene encuentros interesantes, importantes para su crecimiento, pero evita detenerse demasiado con alguien. También el encuentro fugaz con una chica guapa, que se enamora de él, aparece en este sentido interesante y contracorriente: frente a las expectativas más comunes, Christopher no transforma el encuentro en relación, y no hace el amor con ella. Deja huella de sí y lleva consigo pedazos de experiencia, pero no está preparado para pararse, ni para vincularse, ni para proyectar, porque no ha terminado todavía el viaje en busca de sí mismo. Solo después de una larga soledad se siente por fin preparado para regresar; preparado, quizá, para perdonar a sus padres y hacerse plenamente adulto. Pero la película nos niega, como ocurre muchas veces en las historias de héroes, el final feliz.

Las películas que más se quedan en nuestra mente, así como los libros y las historias que nos impresionan, dicen algo importante para todos, porque asumen valor de metáforas. La historia de Christopher habla de un adolescente varón y del recorrido necesario para llegar a ser él mismo. En este camino se indican, en primer lugar, el alejamiento y la soledad. ¿Pero qué es estar solo? ¿Qué significa alejarse, y de qué cosas es necesario tomar distancia?

Para alcanzar el objetivo evolutivo, alejarse y estar solo tienen que ser metáfora de un movimiento interior. Es necesario tomar distancia de la imagen infantil de uno mismo como omnipotente, pero también de las expectativas (nuestras y de otros) que se han ido construyendo de forma inevitable sobre nosotros. La idea que tenemos de nosotros mismos, y que nace en gran parte del reflejo de las personas queridas —generalmente amoroso—, debe hacerse más realista: tenemos que hacer la experiencia de tener límites (de belleza, de inteligencia, de carácter), pero también de que podemos tratar de superarlos y mejorar, sin la constante justificación de quien nos quiere.

La búsqueda de sí mismo supone una inversión de perspectiva: no existe un solo modo «justo» de ser y de lograr en la vida, al que tengamos que procurar conformarnos. Existe más bien la posibilidad de encontrar nuestro propio modo, relacionado con lo que poco a poco vamos a descubrir siguiendo lo que nace dentro de nosotros.

Para hacer esto, como en la película, es necesario estar abiertos a los nuevos encuentros que la vida nos presenta; pero también hacer espacio dentro de sí a las preguntas: sobre el sentido, sobre lo que tiene valor para nosotros y sobre eso en lo que vale la pena empeñar nuestras capacidades y recursos. En otras palabras, es necesario cultivar la propia interioridad, si no queremos que la adolescencia sea solo un recorrido disperso a través de los demasiados atractivos que puede ofrecer el mundo.

Los libros que lleva consigo Christopher son signo de esta búsqueda interior, que se apoya en la experiencia y en el pensamiento de otros que han vivido y buscado antes de nosotros.

Pero esta escucha presupone la capacidad de dejar espacio al silencio: la capacidad de estar realmente solo consigo mismo y ante uno mismo, en compañía de los propios pensamientos. No es fácil. Pero, del mismo modo que podemos adiestrar el cuerpo para que se conozca y «sienta», por un ejercicio progresivo y constante, también podemos hacerlo con nuestra mente: buscando voluntariamente momentos de silencio, de recogimiento, de lectura, de reflexión, de escucha de música, de oración.

Pero ¿cómo se puede imaginar a un héroe adolescente cuando llega a la condición adulta? En la normalidad de la vida cotidiana, cualquier héroe parece perder todo su encanto. Creo que esto es lo que hace inevitable, en la película, la muerte de Christopher: ¿sería posible imaginar, de hecho, un final feliz que no fuera decepcionante?

Lo que desata en el protagonista el deseo de dejar Alaska y volver a casa es la lectura de un fragmento de *Felicidad familiar* de Tolstoi. En él se dice: «He vivido mucho, y ahora creo haber descubierto lo necesario para ser feliz: una vida tranquila, retirada, en el campo, en la que es posible ser útil a personas que se dejan ayudar, que no están acostumbradas a recibir, y un trabajo que se espera pueda tener alguna utilidad. Después descanso, naturaleza, libros, música, amor al prójimo. Esta es mi idea de felicidad. Y después, por encima de todo, tú como compañera, y quizá hijos. ¿Qué hay más deseable para el corazón de un hombre?».

Me parece que el elemento más interesante en este fragmento no es solo su contenido, sino sobre todo lo que falta: es un cuadro de tranquila felicidad doméstica, de serenidad bucólica, también de buenas relaciones afectivas, pero que se muestra cerrado en sí mismo, sin fuerza, sin impulso vital. Una vez vuelto a casa nuestro héroe, probablemente se encontraría viviendo la misma vida burguesa que tanto ha criticado en sus padres. Tal vez, gracias al recorrido hecho, sería más maduro afectivamente, más atento a los valores de la ecología, menos consumista, pero sustancialmente igual. Lo que falta en el fragmento de Tolstoi, y lo que, en consecuencia, hace imposible el regreso del héroe, es la presencia de una dimensión «alta» de la cotidianidad.

Falta por completo, en este hombre domesticado, cualquier imagen heroica: falta una imagen-guía del verdadero poder bueno de la masculinidad.

IV

LA POTENCIA, NÚCLEO DE LA MASCULINIDAD

El hombre y la mujer son profundamente distintos en muchos aspectos de su ser-en-el-mundo. ¿Pero cuál es la raíz última de esta diferencia? Si, según creo, se trata de una diferencia fundamental, no puede más que encontrar su origen en algo estable e invariable, que constituya para cada uno un dato de partida originario y a la vez vinculante.

Este algo solo puede ser el cuerpo, anclaje primero e insustituible de la identidad personal. Cada uno de nosotros lo recibe como *dato* biológico de partida, es fuente de la primera percepción de uno mismo, y a la vez soporte de las proyecciones del otro.

Pero el elemento más específico que constituye la diferencia irreductible entre el hombre y la mujer a nivel corpóreo, arraiga en la diferente modalidad prevista por la naturaleza en la generación: como ya subrayaba Aristóteles, el cuerpo femenino está configurado para generar dentro de sí, acogiendo al hombre en el abrazo marital y al hijo en la gestación; en cambio el hombre tiene un cuerpo que solo puede engendrar por medio de la mujer, poniendo su semen fuera del propio cuerpo, en el cuerpo de ella.

El cuerpo de la mujer está, por tanto, predispuesto a la acogida (del hombre, del hijo): aquí tienen su origen las principales características psíquicas de la feminidad y de aquí pueden tomar vida los dones con los que la mujer puede enriquecer de forma específica al mundo.

Por lo que se refiere al hombre, en cambio, su cuerpo está predispuesto a la potencia: su capacidad generativa depende de la posibilidad de «ser potente», para penetrar el cuerpo de la mujer y fecundarla con su semen. Es una potencia generosa y abundante, que se concreta en el exterior del yo, como un principio informador que necesita, sin embargo, ser acogido para adquirir una forma autónoma en el mundo.

También en este caso, esta característica física permea el plano psíquico, y pide ser traducida en dones concretos y simbólicos que sean específicamente masculinos.

En el plano simbólico, el tema de la potencia es central para el imaginario masculino. Es una potencia en sentido amplio, que no es fin en sí misma, sino funcional para generar algo vital, capaz de enriquecer la realidad con el don de su contribución creativa.

El cuerpo del varón actúa de modo diferente al de la mujer: no está regido por los ciclos, sino que prepara y madura en sí el semen de forma continuada, con una especie de vitalidad constante, bajo huella, que prepara con abundancia el posible don de la vida. De ello deriva la «salida de sí y hacia el mundo» de algo vital y fecundante: es precisamente sobre esta posibilidad de «enriquecer con su yo al mundo» en la que se juega, en mi opinión, el verdadero bienestar psíquico del hombre, que obtiene alegría y plena satisfacción de sembrar en el mundo algo propio, y de la recogida de frutos abundantes.

¿Heroico o temerario?

El final de *Into The Wild* no podría haber sido distinto: el adolescente que ha luchado valientemente para llegar a ser por fin él mismo, no podría contentarse realmente con un futuro de pequeño burgués: creo que también a nosotros nos hubiera decepcionado un final feliz, buenista y genérico, que presente al ex-héroe Christopher bien instalado en el interior de una pequeña familia ecologista y políticamente correcta. En la película falta, decía, la idea de una dimensión masculina que pueda seguir siendo heroica en lo cotidiano: el futuro proyectado por las palabras de Tolstoi se muestra sereno, pero resignado, cerrado en cosas pequeñas. Se parece más bien a un contentarse, acomodarse, e introduce implícitamente la idea de que la salida de la adolescencia y la entrada en la dimensión adulta de la responsabilidad comportan automáticamente la renuncia a cualquier dimensión «alta», por la que valga la pena gastarse en la realidad.

En consecuencia, para el actual imaginario del hombre, es mejor quedarse siempre en la adolescencia y seguir soñando lo imposible, aceptando el riesgo de morir sin llegar a adultos.

La dimensión heroica de la masculinidad, en cambio, se puede realizar mucho más allá de la adolescencia: existe y reclama ser conocida y vivida en plenitud. Pero ya no tiene relación con el crecimiento individual, sino más bien con el crecimiento social, que se refiere al descubrimiento y la realización de la propia tarea en el mundo.

La dimensión social es decisiva para la masculinidad: los años de la infancia y de la adolescencia desarrollan en el hombre energías vitales crecientes que se tienen que gastar, invertir, multiplicar. El hombre siente que se está preparando para algo, va en busca de una misión, pide una meta. Necesita que toda la energía vital que siente crecer en él pueda encontrar un modo significativo de expresarse: un modo que dé fruto, un modo generativo.

Amar a una mujer nunca es misión suficiente para un hombre: también necesita ir más allá de la relación, y dejar en el mundo algo suyo que sea significativo y que le sobreviva.

La dimensión heroica no se comprende de forma inmediata, porque no coincide con lo que solemos llamar valor.

No todos los actos valientes son heroicos: por ejemplo, algunos deportes extremos requieren valor, pero muchas veces son más temerarios que heroicos. También muchas de las acciones que ponen en riesgo la vida de nuestros adolescentes con comportamientos peligrosos nacen del deseo «valiente» de desafiar a la muerte, y son emulados porque se viven, precisamente, como heroicos; pero solo son temerarios e inútiles. La diferencia entre un comportamiento heroico y un comportamiento temerario no está en la acción misma, sino en que la acción temeraria, a diferencia de la heroica, está centrada en uno mismo: el temerario atrae sobre sí la mirada, desafía la muerte para sentirse más fuerte, le encanta ser admirado por sus acciones. La temeridad es el valor de las personalidades narcisistas y no tiene nada de heroico.

El héroe, en cambio, está dispuesto a aceptar los trabajos y riesgos de una acción si son el precio de algo que considera justo, valioso, que merece ser defendido o perseguido. El enfoque no está puesto en uno mismo, sino en la tarea y su significado: y esto sucede en el heroísmo del chico que va a la guerra, o en el de quien se tira al río para salvar a otras persona; pero también en el heroísmo de quien lucha todos los días para trabajar de modo honesto, o defender y sacar adelante las propias ideas.

Precisamente por esto, la dimensión heroica es exactamente la opuesta a la narcisista. Es una dimensión social, que nace de la conciencia de formar parte de una comunidad: de ser un hombre entre los hombres, y de poder luchar personalmente y también a la vista de un bien. El héroe asume palabras pasadas de moda, como justicia, bien, compromiso, responsabilidad, conciencia. Palabras hoy impronunciables.

La dimensión social (y por eso potencialmente heroica) de la propia acción es lo que puede darle un sentido pleno y justificar en el varón la implicación en una cotidianidad adulta. En la vida de cada día, la conciencia social supone compromisos concretos como, por ejemplo, redescubrir la pasión por actividades sociales, políticas, culturales, que desarrollen pensamientos y proyectos para el futuro y para las generaciones venideras. Pero también significa recuperar la conciencia de que la misión específica de cada uno (ya sea abogado, médico, arquitecto, obrero, albañil o comerciante) no se agota en obtener el dinero para vivir o garantizarse una vida rica y acomodada. Tampoco se limita a ser ocasión para «expresar el proprio potencial», o para «realizarse»: todo lo que le hace volver sobre sí mismo, sin más, al final resulta poco satisfactorio porque no logra ser generativo.

Las dotes que tenemos, la formación necesaria para desarrollarlas, el compromiso que ponemos en nuestra actividad son, en cambio, ocasiones para generar cosas buenas para el mundo, cosas que, en ese modo específico, solo nosotros podemos generar. Es nuestra contribución específica, el eslabón necesario, la novedad ligada a nuestro nacimiento: algo que sin nosotros no estaría y que con nosotros está; algo que requiere nuestra creatividad, pero también nuestro compromiso precisamente allí donde estamos, y precisamente gracias a lo que somos. Esta conciencia puede dar sabor a la cotidianidad, hacer diferente cada día en su repetición cotidiana, para volver único cada encuentro. Todos tenemos la posibilidad de dejar una huella de nosotros mismos; una huella real, bien distinta de esa efímera que tratamos de dejar cuando perseguimos a toda costa la visibilidad «impuesta» por las redes sociales. Pero es necesario redescubrir la idea de que solo queda realmente eso que hemos hecho por los demás.

El hombre tiene alma del *homo faber*: una fuerte necesidad de ver/tocar con la mano el fruto concreto de su labor. El placer de dar forma concreta a las cosas, manipulándolas, tocándolas, es muy masculino: tal vez por eso la escultura es un ámbito en el que se expresan sobre todo los hombres. Trabajar con las manos y trabajar con la cabeza son actividades que deben coexistir y que se completan.

En el imaginario femenino, el hombre debe saber echar mano a las cosas, y hacerlo con competencia.

Pienso que es muy importante revalorizar este aspecto de la experiencia masculina: permitir que todos los varones experimenten el «hacer», poniéndoles entre las manos los instrumentos de trabajo, y hacer que experimenten el placer de construir y forjar, también de reparar y ajustar.

Quiero expresar mi deseo apremiante de volver a ver a tantos papás que juguetean en los talleres, en los patios, en los garajes, junto a sus hijos varones: alrededor de las bicicletas (bien sucios con la grasa de la cadena), junto a paredes que blanquear (bien sucios de pintura), en torno a los enchufes, tuberías, tablas de madera para montar (sin miedo a los clavos y al martillo).

Desearía que los papás volvieran a saber hacer las cosas, y que quisieran enseñarlas: también a las niñas, por qué no, pero sobre todo a los niños.

Una mujer puede querer saber cambiar una rueda, pero por lo general prefiere que haya un hombre que lo haga con habilidad... El hombre que «sabe hacer» todavía tiene, según lo que he podido averiguar, un alto índice de aceptación, claramente superior al del intelectual: si después es un intelectual que sabe hacer, realmente es lo máximo.

El dominio y la custodia

¿Quién es el hombre «potente» en el buen sentido? ¿Cómo puede tomar cuerpo en la vida real el potencial masculino? Y todavía: ¿el hombre potente se puede identificar simplemente con el hombre seguro de sí mismo? ¿Y qué relación hay entre potencia y prepotencia?

En el intento de responder a estos y a otros interrogantes, mi pensamiento ha vuelto una vez más a la narración de los orígenes. Y allí ha encontrado algunas palabras que aportan elementos interesantes.

La primera es la palabra «dominar»: «Dijo Dios: hagamos al hombre a nuestra imagen, según nuestra semejanza, y que *domine* sobre los peces del mar y sobre las aves del cielo, sobre las bestias, sobre todos los animales salvajes y sobre todos los reptiles que se deslizan por la tierra».

La segunda y la tercera palabra son «cultivar» y «custodiar»: «Dios tomó al hombre y le puso en el jardín del Edén, para que lo *cultivase* y lo *custodiase*».

La cuarta palabra es «nombrar»: «El Señor Dios plasmó desde el suelo toda clase de animales salvajes y todos los pájaros del cielo y los presentó al hombre, para que les *diera nombre*: de cualquier modo que el hombre hubiera *llamado* a cada uno de los seres vivientes, ese tenía que ser su *nombre*».

Todas estas palabras están en el *Génesis* y hacen referencia específica al hombre. Creo que detenernos sobre ellas nos puede abrir a una mejor comprensión de los dones que posee la masculinidad, y que cada hombre tendría que alimentar dentro de sí para enriquecer al mundo.

Vamos a empezar por la palabra «dominio». Se trata de una palabra fuerte, con la que Dios da al hombre una misión que le pone en continuidad con Él: *Dominus*, el Señor.

Podríamos sustituir la palabra dominio por señorío, o maestría: el hombre queda dotado de una confianza grande, y es invitado a ser señor del mundo creado, en continuidad con Quien ha creado todo; se le invita a tomar conciencia de que su misión es construir un orden funcional en la vida, y que para hacer esto puede y debe hacerse capaz de dominar las fuerzas que simbolizan el mundo animal: los peces del mar, las aves del cielo, las fieras y los reptiles. Todas estas criaturas se pueden interpretar no solo como criaturas del mundo externo, sino también como figura del mundo psíquico del hombre, con sus fuerzas, que han de ser dirigidas y orientadas.

En esta lectura, el fragmento nos invita a comprender que el señorío sobre el mundo no se puede separar del señorío sobre uno mismo, y que la capacidad de dominio sobre sí es el primer paso para hacer libre y señor al hombre.

Pero se trata de un modo de ver las cosas decididamente contra-tendencia, muy alejado de la sensibilidad actual. La cultura actual, en realidad, mira con sospecha cualquier cosa que tenga relación con el control de las emociones y de los deseos, y considera libertad ejercitar el instinto del modo más espontáneo posible.

Estamos convencidos de que la verdadera vida, la verdadera felicidad, solo es posible en la medida en que secundemos y, si es posible, ampliemos nuestras emociones: lo que emociona se considera «auténtico», seguir las propias emociones se considera «liberador», y el sabor de la vida depende, según el sentir común, de la intensidad emotiva que nos aportan nuestras experiencias.

Ciertamente, la capacidad de emocionarse es una de las grandes riquezas del ser humano: las emociones dan color a la existencia, contribuyendo de modo fundamental a hacerla apasionante.

Todo lo que percibimos con nuestros sentidos puede activar en nosotros también una respuesta «emocional», porque la emoción es una réplica espontánea de nuestro ser a los reclamos provenientes del mundo. Se trata de un movimiento interior que se sitúa en una dimensión que podríamos definir como psicofísica: la emoción, en efecto, no alcanza solo a la mente, pero tampoco solo al cuerpo: implica a los dos simultáneamente, y precisamente por esto está en condiciones de conmovernos de modo tan profundo.

Las emociones también tienen la función de señales: hacen que nos movamos hacia aquello que en sentido amplio puede provocarnos placer, y hacen que nos alejemos de lo contrario, de lo que nos provoca disgusto. Pero la intensidad de una emoción y el tipo de coloración (positiva o negativa) que la acompaña no se corresponden necesariamente con que sea positivo o negativo lo que sucede: podemos sentirnos fuertemente atraídos por algo que es bueno para nosotros, pero también por algo que no lo es, o incluso que nos puede hacer daño. Por este motivo, las emociones por sí solas no pueden ser consideradas como una guía suficiente en la vida. Para nuestras elecciones y decisiones, sobre todo para las más importantes, necesitamos la ayuda de nuestra razón, orientada por un sistema de valores que hemos de hacer madurar cada uno de nosotros.

Pero esto exige que evitemos detenernos en el nivel más superficial de las cosas, y que nos empeñemos en afinar y profundizar nuestra capacidad de interpretar la realidad. Así percibiremos en lo que nos ocurre algo más que el simple binomio placer/disgusto, e impediremos que nos dominen los aspectos emocionales, incapacitándonos para tomar decisiones verdaderamente libres.

Esto es tanto más verdadero cuanto más intensas sean las emociones, como sucede por ejemplo en las cuestiones afectivas y sexuales. Pero es mucho más fácil dejarse cegar por las emociones en aspectos que afectan directa o indirectamente a la autoestima y la autoafirmación, ya se trate de ideas o de cuestiones relativas al dinero o al poder. La cuestión del dominio de sí entra en juego precisamente en este punto.

En el tema del señorío y del dominio se configura un arquetipo importante para el inconsciente masculino: el arquetipo del rey.

Identificar imágenes arquetípicas y compararse con ellas, supone que la psique del hombre y de la mujer entra en contacto con aspectos diversos de las propias potencialidades. El hermoso libro de Anselm Grün *Luchar y amar*, dirigido de específicamente a lectores masculinos, presenta numerosas figuras arquetípicas masculinas tomadas de los textos bíblicos: son imágenes preciosas y muy estimulantes, que ayudan a interpretar el mundo psíquico masculino en la complejidad de sus diferentes facetas.

Las escrituras bíblicas nunca muestran a hombres perfectos, sino siempre a hombres en camino, en búsqueda y en lucha, en constante comparación con los límites de la propia naturaleza. Cada personaje representa un modelo, y muestra una característica, un potencial presente en cada hombre, que puede servir como estímulo y guía en el recorrido de búsqueda del yo.

El prototipo del rey no solo está presente en la Biblia, sino también en la mayor parte de los cuentos y mitos. Representa precisamente la capacidad de ejercer un dominio sobre la realidad: esta constituye nuestro «reino» personal, entendido como un mundo externo en la porción que nos afecta (nuestro trabajo, nuestra familia, todas las relaciones cercanas y menos cercanas en las que de alguna forma estamos implicados). Pero también se entiende como mundo interior, aquel de nuestras emociones y de nuestros instintos, sobre los cuales hemos de aprender a tener dominio, control, maestría.

Según Grün, el hombre que ha hecho suyo el arquetipo del rey es capaz de «dar al grupo sentido de seguridad y protección». Es un hombre que se reconoce responsable de la protección de las personas y de las cosas que la vida le ha confiado: custodio y no propietario, porque admite que nada nos pertenece del todo, sino que todo nos ha sido confiado por la vida y, como dice el *Génesis*, hay que «custodiarlo».

Custodiar algo o a alguien significa, en primer lugar, reconocer que ese algo tiene valor y merece ser custodiado, también a costa del sacrificio personal. Tiene valor tu matrimonio, tiene valor tu mujer, tienen valor tus hijos, tiene valor tu trabajo, tiene valor un proyecto, tiene valor una idea. Si el otro sabe que tiene ese valor para ti, esta percepción es fuente de seguridad en la relación: sabe que tú estás ahí, a pesar de las variaciones de las emociones, y que no vas a abandonar el campo.

Dar este tipo de seguridad exige una solidez que no se improvisa, sino que es fruto de un recorrido que tiene como etapa decisiva precisamente la capacidad de dominio sobre las propias emociones, tan cambiantes. Para dar seguridad a los demás es necesaria la capacidad de asumir responsabilidades en primera persona, son necesarios realismo, aceptación del límite, disponibilidad para anteponer la necesidad del otro a la propia. Al contrario de lo que pueda parecer, el hombre que transmite un sentido de seguridad y protección no es el que se cree o parece ser más fuerte que los demás, sino el que está dotado de mayor realismo, el que es más consciente de las dificultades y el que tiene el valor de reconocer sus propios límites: solo esto le hace confiable y con fuerza de voluntad. Sabe que existen peligros, que se puede equivocar, que uno se cae y se vuelve a levantar.

En el curso de la vida, aprende a aceptar que la muerte es un dato muy concreto y real. No censura su existencia, sino que reconoce que es necesario tenerla en cuenta para aprender a vivir.

Protagonistas de la propia vida

> *«Solamente es rey aquel que deja de hacer a otros responsables*
> *de su situación y toma él mismo la guía de la vida»*
> (A. Grün, *Luchar y amar*)

Cuando emprende un recorrido psicoterapéutico, la persona siempre llega cargada de sufrimientos y dudas. Más que la mujer —mejor dispuesta en general a la confianza—, el hombre se presenta fuertemente ambivalente, muchas veces enviado por otros que le han aconsejado que «busque ayuda». Si el terapeuta es, como en mi caso, una mujer, a la ambivalencia hacia la terapia se añade la que tiene hacia quien escucha: ¿qué clase de mujer es? ¿Es posible que sea una buena madre? ¿O una madre severa? ¿Y cómo hacer para exponer sin temor la propia masculinidad frágil a una mujer y someterla a su juicio?

Así de cauto es el principio del conocimiento recíproco: el varón necesita sentir que no tiene enfrente a una mujer cortante y severa, sino a una mujer atenta y respetuosa, que valora la masculinidad y sus recursos. Precisamente por el aprecio que cultivo hacia los recursos del otro, entre los objetivos de cualquier terapia incluyo siempre el siguiente: cualquiera que haya sido la historia de ese hombre, y cualesquiera que sean los errores que haya padecido en el pasado o que sigan presentes, deseo que aprenda a hacerse cargo personalmente de su realidad, a vivir plenamente en el hoy, a soportar su sufrimiento, a hacerse responsable de sí mismo. No se puede dar por descontado, porque siempre es muy fácil imputar a otros lo no va bien en nuestra vida: y cargar la culpa a la madre o al padre por haber estado poco/demasiado presentes o haber sido poco/demasiado atentos y afectuosos; o echar las culpas a la mujer, poco afectuosa, demasiado exigente, poco femenina, demasiado maternal; o al trabajo, que no corresponde a las expectativas, que no permite expresarse, que aplasta o que falta... Lo malo que sucede siempre es «culpa» de alguien o de algo.

Es innegable que pueden presentarse muchos sucesos adversos: al recorrer la biografía de cada uno desde el niño que ha sido, siempre se encuentran dificultades, injusticias, incomprensiones, que con frecuencia parecen «justificar» un presente insatisfactorio. Sucede por eso que, cuando el paciente empieza a hablar de sí mismo en psicoterapia, puede sentir un deseo creciente de compensación, que se transforma fácilmente en pretensión: «El mundo ha sido injusto conmigo», «he sufrido mucho»; «ahora se me debe algo». Si no puedo volver atrás para recuperar lo que he perdido, al menos hoy debería tener derecho a una comprensión plena y a una satisfacción».

A causa de este sentimiento es frecuente que, cuando uno de los miembros de una pareja empieza terapia psicológica, pueda empeorar la situación: quien ha emprendido la terapia, tal vez con intención de mejorar la relación, empieza a sacar a plena luz lo que le ha faltado o que le falta, los fallos del cónyuge hacia él, las motivaciones complejas y ambivalentes que han llevado a la elección de ese compañero en concreto, con el que las cosas hoy son difíciles. Pone de relieve sus propias razones, y junto a ellas parece que se agigantan los errores de los demás.

Se trata de una dinámica delicada, que requeriría una especial atención por parte de los terapeutas. Entender lo que ha sucedido históricamente, en realidad, no tendría que convertirse de forma casi automática en un modo de sustraerse de las responsabilidades personales. Al contrario, la comprensión del pasado y sus dinámicas tendría que abrirnos a la libertad de vivir de modo distinto el presente. Entender lo sucedido, leerlo con los ojos del niño que hemos sido, permite mirarnos a nosotros mismos de forma renovada: ahora podemos decir cosas nuevas de nosotros, descubrir lo que deseamos realmente, tomar las riendas de nuestra vida. Pero, si queremos ser libres, también podemos y debemos liberar a los demás del peso de las responsabilidades que han tenido y tienen para con nosotros: ¡ningún progenitor, ni siquiera el que sea objetivamente más limitado, puede seguir siendo culpable del fracaso de sus propios hijos, más allá de una edad razonable! Y ningún hijo que tenga más de treinta años tendría que sentirse justificado de sus errores por haber tenido padres problemáticos.

Cualesquiera que sean las culpas de los demás y de cualquier modo que hayan ocurrido los eventos de la vida, siempre podemos aprender a hacernos verdaderos protagonistas de nuestra historia, de un modo que a partir de ese momento va a ser *nuestro modo*. Nuestra historia (precisamente así como es) junto con nuestras características personales (precisamente así como son), con nuestros recursos, pero también con nuestros límites, constituyen el material a disposición de cada uno para construir su vida: a nosotros corresponde hacer de ello algo bueno y original, como verdaderos protagonistas.

La vida empieza siempre en el momento presente: siempre es *hoy* el día bueno para empezar a vivir en plenitud.

Dar nombre a las cosas

«Nombrar» es un acto de importancia simbólica muy elevada. La riqueza de una cultura se mide, entre otras cosas, por la articulación de su lenguaje, que es vehículo del pensamiento y que al mismo tiempo lo estructura porque le da una configuración.

Dar nombre a las cosas es una de las tareas que Dios confió al hombre. Nombrar a las cosas significa darles realidad, hacer que existan, definirlas: la simbiosis no exige un lenguaje, le hace falta el instinto; en cambio, la diferencia necesita de la palabra.

El niño recién nacido no tiene lenguaje: la comunicación entre él y su madre se produce mediante intercambios principalmente no verbales, hechos de correspondencia y adaptación mutua. Si esa adaptación pudiera ser perfecta, es posible que el lenguaje no fuera necesario. Es la exigencia de activar señales que se puedan compartir, que se convierten en palabras: sonidos que, al repetirse, asumen un significado, se convierten en signo de realidades compartidas, permitiendo una respuesta. El balbuceo «ma-ma-ma»/«pa-pa-pa» se convierte en reclamo «mamá/papá»: la respuesta al reclamo («llega la mamá /llega el papá») refuerza la señal. Poco a poco, el mundo se vuelve «nombrable» y por eso significativo: también lo que no está presente puede ser evocado y, por tanto, existe.

Por eso, la palabra se vuelve necesaria como instrumento para superar la distancia entre el yo y el otro, a medida que avanza el proceso de diferenciación y a medida que la percepción de unidad/identidad se dirige hacia la separación y la diferencia. La palabra sirve para mantener una conexión con las personas y con las cosas, y es fuertemente generativa.

Cuando nació Andrea, mi cuarto niño, mi hijo Francesco solo tenía 16 meses. Todavía tenía una necesidad muy fuerte de estar en brazos, y para pedir que se le cogiera elegía muchas veces los momentos en que yo tenía que amamantar a Andrea, por lo que no podía satisfacerle. Así, para establecer con él un contacto significativo y «nutriente», le hacía sentar cerca de mí, enfrente o a mi lado, y me ponía a hablar con él.

He hablado mucho con él; le contaba todo lo que se me venía a la cabeza, cosas pequeñas que él pudiera entender, en forma de cuentos: hablaba de sus juegos, de lo que hacíamos juntos, de los animales que sabía, de los abuelos, de sus hermanos. También escuchaba lo que él, tan pequeño, lograba decir. Conversábamos a nuestra manera, y eran momentos bonitos para ambos. Tenía la sensación precisa de un contacto eficaz, pero a la vez veía que en él crecía el gusto por las palabras, por lo que puede pasar por medio de la palabra, y que se convierte en conocimiento. De este modo, podía percibir que estaba nutriendo a mis dos hijos, aunque en planos diferentes, y que dejaba a cada uno el gusto hacia algo bueno, que podía perdurar en el tiempo.

Dar un nombre a cada cosa significa darle unos contornos, reconocerle una identidad; todo lo que tiene nombre existe, tiene una delimitación, es diferente de lo que tiene otro nombre. Es una realidad separada de mí, pero también en contacto conmigo: hablar es un modo de reconocer que hay una distancia, pero también un modo de reconocer la posibilidad de relación.

En el ámbito de las relaciones entre hombre y mujer, el lenguaje es simultáneamente un excelente recurso y también fuente de grandes dificultades.

El hombre y la mujer no usan el lenguaje del mismo modo: la mujer habla sobre todo para relacionarse; el hombre lo hace principalmente para explicar y explicarse. También en el interior de una comunicación de tipo «informativo», las competencias intuitivas y empáticas de la mujer colman su lenguaje de matices intraducibles, de sobreentendidos, de implícitos, que tienen la función de dar resonancia emotiva a la palabra, pero que es casi imposible captar si no es por medio de competencias empáticas análogas.

La competencia masculina de «nombrar» atribuye, en cambio, al lenguaje del hombre un valor más apegado a la realidad objetiva, pero al mismo tiempo hace que le resulte difícil captar el estilo multimodal de la mujer, con sus complejos matices de significado. El hombre busca lenguajes más específicos; la mujer, más relacionales.

En la experiencia psicoterapéutica, que es lugar privilegiado de la palabra, las aproximaciones a la masculinidad y a la feminidad requieren estilos que tengan en cuenta estas diferencias. No es raro que el trabajo con una chica o con una mujer empiece por la narración de un sentimiento intenso que busca compartir de forma emotiva y afectiva, y que siga en la dirección de «dar un nombre» cada vez más preciso y definido a este mundo emocional variado y tal vez confuso: se trabaja para dar un nombre preciso a las emociones y a los deseos, para definir, diferenciar, situar históricamente la experiencia y sus reflejos sobre el presente. Este «poner en palabras» es necesario para avanzar hacia una mayor libertad, porque solo la claridad que sigue pone en condiciones de elegir.

En el trabajo con un chico o con un hombre, muchas veces el recorrido es diferente: se empieza por compartir el relato de hechos sucedidos y eventos, y se avanza en la dirección de «encontrar las emociones» correspondientes a la experiencia, para favorecer el contacto con las resonancias emotivas implícitas en lo que ocurre o ha ocurrido. Es frecuente que el hombre necesite, más que la mujer, encuadrar su experiencia en esquemas de pensamiento, en el intento de darle una lectura lógica. Al principio, puede ser difícil que él muestre interés hacia los recorridos psicológicos: de hecho, puede temer que el terapeuta pretenda poner en discusión su interpretación de la realidad.

Por eso, es necesario construir con paciencia y respeto una buena alianza: se trata de interceptar, con el lenguaje masculino de las cosas, elementos realmente significativos de la experiencia, y darles una nueva lectura, que pueda crear una resonancia emotiva auténtica. Entonces se abre el camino que conduce a la curiosidad sincera hacia el propio mundo interior, sumergido, que pone en contacto con la aparente falta de lógica del inconsciente, con sus ricos mensajes.

Reflexionar sobre uno mismo significa también ser capaz de descubrir que tenemos un espacio interior en el que podemos aprender a ser realmente libres: un espacio solo nuestro, un centro desde el que tomar nuestras decisiones, un lugar sobre el que podemos y debemos tener pleno señorío.

Nombrar las cosas hace que existan y permite adoptar una posición hacia ellas. El hombre es invitado a dar nombre a las cosas, y por tanto a conocerlas, a definirlas cada vez mejor para poder atesorarlas. Este «querer dar un nombre» empuja a la investigación científica, a la especulación filosófica, a la poesía. Lo que no se puede nombrar no deja de existir, pero entra en una dimensión distinta, alusiva, que actúa sobre nosotros de forma soterrada: es lo que en psicoanálisis se llama lo «eliminado».

El verdadero innominado y eliminado de hoy es la muerte.

La muerte actualmente es omnipresente (¿cuántas son las noticias de matanzas, naufragios, catástrofes, accidentes que vemos a diario?) y a la vez está privada de una verdadera relevancia en la experiencia cotidiana: naturalmente, se sigue muriendo, pero casi nadie quiere ya acompañar personalmente al moribundo, estar cerca de él. La muerte está medicalizada, igual que el nacimiento; la tarea de asistir al moribundo se deja, de buena gana y con alivio, a terceros: figuras profesionales que transforman la muerte en una especie de procedimiento que gestionar de la mejor forma, muchas veces con capacidades más técnicas que humanas. También la relación de ayuda a quien sufre, está enfermo, necesitado, o en dificultad, se profesionaliza cada vez más, hasta convertirse en competencia exclusiva de especialistas, y no más bien una capacidad que cada uno de nosotros ha de aprender a afinar cada vez más, con la experiencia de la vida.

Del cuerpo de quien ha muerto, después, uno se libra cuanto antes. La cremación elimina la presencia molesta, al tiempo que evita preocupaciones desagradables a los vivientes. En la mayor parte de los casos, ningún rito religioso acompaña ya a quien nos ha sido querido hacia una realidad distinta, abierta a la esperanza de la eternidad. Se evita hablar a los niños de la muerte y cuando resulta inevitable (como, por ejemplo, en el caso de la muerte de un compañero, o del papá y de la mamá de un amigo) se recurre a «expertos» que conozcan las palabras «adecuadas» (?!) para evitarles traumas. Además, ver el cuerpo de una persona difunta se considera inconveniente y peligroso para un niño. Viene la duda de que el verdadero motivo de toda esta ocultación sea solo nuestra incompetencia, nuestro estado de afasia ante las cuestiones que verdaderamente importan. Por su parte, los niños siguen siendo grandes especialistas en las cosas que importan y en las preguntas incómodas, ante las que nosotros no sabemos ya mantenernos: las del porqué de la muerte y sobre el destino de quien muere, que son las preguntas que llevan a reflexionar sobre el sentido del vivir.

Pero la muerte, como cualquier revulsivo, sigue influyendo de modo soterrado y poderoso sobre muchos aspectos de nuestra vida. Para mantenerla lejos y, si es posible, eliminarla de nuestra conciencia, es necesario invertir una gran cantidad de energías. Como cualquier proceso defensivo, la supresión trata de protegernos de la angustia, pero su uso demasiado masivo bloquea la plena expansión de la vida. De este modo, hemos dejado de pensar en la muerte, pero ya no invertimos hasta el fondo en la vida.

A partir de nuestras palabras, en cambio, un niño podría aprender que la muerte no se puede vencer, pero que tampoco tiene la palabra definitiva sobre la vida, sobre todo si sabemos vivir una vida apasionada y dotada de sentido. Ningún psicólogo, por competente que sea, puede encontrar las palabras adecuadas y hacer las cosas adecuadas, que sirvan para transmitir a un niño el sentido de la muerte y de la vida: solo lo pueden hacer su padre y su madre, que lo han traído al mundo con confianza, aunque saben que está destinado a morir, y que lo preceden procurando trazar el camino para una vida dotada de significado y abierta a la esperanza.

La paternidad, plenitud de la masculinidad

En la última década se han publicado en mi país numerosos libros buenos sobre el padre: diferentes psicólogos y psicoanalistas varones han puesto los fundamentos del tema, para subrayar el valor, tanto social como personal, de la figura paterna. Son voces competentes que hablan del padre desde un punto de vista masculino. No considero necesario repetir, con menor profundidad, lo que ya se ha dicho.

Pero al hablar de la masculinidad es inevitable hacer referencia al tema del padre y de la paternidad. Por eso, creo que mi aportación puede consistir en afrontarlo desde una perspectiva personal, poniéndome con afecto de parte de todos los papás que he conocido y que conozco.

El deber del hombre hacia su hijo empieza con la noticia del embarazo. Aunque no lo exprese con palabras, la mujer que va a convertirse en madre le necesita: para abrir con serenidad las puertas a la vida, necesita encontrar en el hombre a alguien dispuesto a convertirse en padre.

También en las situaciones en que el embarazo es deseado, su concreción representa un paso delicado y siempre cargado de ambivalencia para la mujer. En efecto, siente que está sucediendo algo definitivo, que modifica profundamente su vida, creando un vínculo irreversible, y esto la asusta y le vuelve insegura. En esta situación, la presencia junto a ella de un hombre que asume la paternidad y su actitud de compartir pueden marcar la diferencia.

A este propósito, tengo un recuerdo personal vívido y que me es muy querido.

Cuando se anunció mi cuarto embarazo, estaba cercano el momento de reincorporarme después de la baja por la precedente maternidad. Mi hijo tenía 7 meses y me esperaban en el trabajo. Por eso, mi primera reacción fue de agobio: tuve miedo de no poder, incomodidad por volver al trabajo embarazada otra vez, y la sensación de verme ligada definitivamente en una dimensión solo doméstica luchaba contra el deseo de hacer espacio a esta criatura nueva.

Pero cuando se lo comuniqué a mi marido, su comentario fue: «¡Se ve que el nuestro es un amor muy creativo!». Esta frase suya ha representado para mí el punto de inflexión, al situar al niño anunciado en su justa condición de hijo: no era un problema que afrontar (quizás sola), sino un hijo «nuestro», fruto de algo concretamente creativo, que acoger juntos.

Pienso que es esto precisamente lo que necesita una mujer para convertirse en madre, y algo que encuentra cada vez menos...

Convertirse en papá es una experiencia muy bella: si las cosas siguen su justo camino, el hombre ama a su mujer y dentro de ella empieza a crecer el fruto que él ha sembrado. La mujer se hace nido, y el hombre se hace con orgullo custodio del nido, creando una protección psíquica y física en torno a ella. La imagen más sugerente de esta dinámica, para mí, es la que está representada en esos belenes tiroleses pequeños, que reúnen en una sola escultura los tres personajes: José, de pie, envuelve a María inclinada, que a su vez envuelve al Niño y le protege con su velo.

Y cuando nace el pequeño, el estupor, la ternura y el reconocimiento a la vida son iguales para los dos progenitores.

Después empieza la vida cotidiana, y con ella, sus trabajos: el papá pronto se da cuenta de que se le ha reservado un papel no-protagonista; la escena es toda para el niño y para la mamá, mientras que a él se le reserva el deber de mantenerse firme, en vigilancia, protección y cuidado del nido. La mamá tiende a hacerse frágil, llena de aprensiones hacia el pequeño, insegura; no tiene espacio mental para su hombre, porque está absorbida totalmente por el deber de dedicarse al recién nacido; necesita junto a ella a alguien que sepa vigilar sobre ella y esperar. ¿Pero qué esperar? ¿Y hasta cuándo?

Los papás de los recién nacidos se preocupan exactamente igual que las mamás: esperan que su mujer sepa lo que necesita el niño, que sepa lo que hay que hacer. Les atemoriza la fragilidad del pequeño. Su llanto les desorienta. No tienen un seno al que aferrarlo para que deje de llorar.

Muchas veces el hombre joven que se ha convertido en padre no sabe qué se espera exactamente de él, y nadie se lo explica. Querría que se le pidieran cosas claras y concretas, a las que poder dar respuestas concretas, en lugar de tener que agobiarse, frustrado, en el intento de entender cómo ser realmente útil.

Yo creo que el padre es, por definición, un incomprendido.

No es fácil ser papá: tiene que abrirse espacio en el mundo del hijo, como un intruso que interrumpe la relación simbiótica. Muchas veces, el niño le acepta con sospecha, como a alguien que le separa de la madre y que pretende (según el niño, injustamente) que esa madre sea totalmente suya.

Después el niño crece, y sigue viendo a la madre como fuente de afecto y de bien, pero dirige al papá una mirada que se colma de expectativas: el niño espera que el padre, que es mucho mayor que él, sea fuerte y valeroso. El padre te debe proteger y hacer que te sientas seguro: cuando estés con él no vas a tener miedo, porque sabe hacerse respetar siempre. Pero el padre también debe ser justo, generoso, competente: a ser posible, debe tener paciencia, saber perdonarte, enseñarte. Y cuando se haga mayor debe ser un hombre estimado, que pueda ganar, con buena posición social, pero también lo bastante inteligente como para que no te avergüences de él...

Podría seguir mucho en la misma línea; cada uno de nosotros tiene bien claro lo que desearía, o lo que habría querido que fuera su padre: un concentrado de todas las mejores virtudes de la masculinidad. Del mismo modo, es probable que alguna cosa no haya ido bien: el papá habrá sido en todo caso un rival, un obstáculo para la posesión plena del corazón de la mamá, y en todo caso una imagen molesta, de la que antes o después será necesario liberarse para llegar a ser uno mismo.

De alguna forma, el padre siempre es, por eso, decepcionante: siempre es demasiado o demasiado poco.

La verdad es que el padre, sea quien sea, camina siempre y solo sobre las piernas frágiles de un hombre: el verdadero valor, por el que debemos respetarle, independientemente de las dotes que llega a expresar, se presenta en el mismo hecho de haber abierto el corazón a la vida y de *querer ser el padre* de la criatura que ha engendrado. Esto presupone la decisión de tomar a ese niño bajo su responsabilidad, para hacerle su heredero: es decir, hacer por él todo lo que pueda y sepa, para acompañarle hasta que se convierta en un hombre.

Para hacer esto realmente, con todo lo que significa en concreto, es necesario aprender a ir más allá de uno mismo, y entrar en una dimensión de generosidad y de don, que hace salir al papá de la actitud narcisista del adolescente, para convertirse en adulto.

El gesto de Héctor

Hoy más que nunca, necesitamos de imágenes modelo. Y al hablar del padre, una de las imágenes más fulgurantes y sugerentes sigue siendo «el gesto de Héctor», el héroe troyano de *La Ilíada*. Se trata de una imagen muy querida y muy citada por los especialistas en masculinidad, tanto como para dar el título a un gran ensayo del psicoanalista Luigi Zoja. El episodio es famoso, de modo que lo relato brevemente: Héctor está a punto de enfrentarse a Aquiles, campeón de los Aqueos, en un duelo que va a ser fatal para él. Antes del encuentro se despide de su mujer, Andrómaca, y de su hijo pequeño, Astianacte. Estamos en el libro VI de *La Ilíada*. Héctor abre los brazos a su hijo, que no le reconoce y se gira llorando, asustado a la vista de la armadura y de la coraza brillante que reviste a su padre. En ese momento Héctor se quita el yelmo, lo deja en la tierra, y toma a su hijo en brazos. Se lee en el texto: «Besó a su querido hijo, le hizo saltar entre sus brazos y dijo, invocando a Zeus y a los demás numos: "Zeus, y los que estáis en el cielo, haced que mi hijo crezca y se convierta como yo en uno de los primeros troyanos... de modo que se pueda decir de él, cuando vuelva de la guerra: 'Es mucho más fuerte que su padre'"». En otras traducciones el gesto se vuelve todavía más claro: «Y dulcemente entre sus manos bastante / mecido el infante, *lo alzó al cielo* / y exclamó suplicante...».

El gesto de Héctor —que se quita el yelmo, eleva a su hijo al cielo y suplica a los dioses que le hagan más fuerte que él— sigue siendo una de las cumbres más altas de la literatura sobre el padre.

Se trata de una imagen en la que todo está incluido: la fuerza del padre, su valor, su ternura; pero también la consciencia de su propia posición y de su papel. Héctor sabe que no tiene propiedad sobre el hijo, que es un don recibido de los dioses; está orgulloso de ser un medio para que el hijo pueda cumplir su destino. No lo retiene hacia sí, sino que lo eleva, lo proyecta al futuro, fiándose de la protección de un padre mayor que él, siente como máxima realización de su propia paternidad que el hijo pueda superarlo, para convertirse en un guerrero más fuerte que su padre.

Tendríamos que cerrar los ojos para imaginarnos la escena. El foco se concentra hacia lo alto: vemos los brazos tendidos de Héctor, su mirada que encuentra la del niño. En la escena, el movimiento de los brazos a lo alto, la mirada y las palabras forman un todo indivisible.

En todo esto hay algo inefable: sentimos que Héctor es consciente de que la muerte se aproxima; sentimos su desgarro de hombre joven, de padre, de marido; sentimos su fe en los dioses; sentimos su dignidad, su fuerza; sentimos su capacidad de poner en el hijo una promesa de futuro que es el verdadero don del padre: el don de transmitir la vida aceptando la muerte.

Precisamente mientras escribo, con esta imagen conmovedora aún en los ojos, mi mirada cae en la última página del *Corriere della Sera*: en una foto a toda página, un hombre maduro, todavía con buen aspecto, con un físico fuerte, vestido con chaqueta deportiva; en el brazo derecho sostiene a un niño, desnudo, menor de un año. La diferencia de edad hace ambigua la imagen: el niño podría ser nieto del hombre, pero el aspecto juvenil de este deja abierta cualquier hipótesis. A su modo, el hombre es un guerrero: por su postura segura, sólida, bien plantada, por su mirada que va directa al objetivo, por la chaqueta de óptima factura que es como la armadura adecuada para un hombre deportivo, que puede que cruce el mar en un barco... Y el niño está desnudo en el brazo del guerrero, como debía estar Astianacte.

Es la imagen actual de dos hombres juntos, un adulto y un niño: hay una asimetría generacional que suscita la pregunta sobre la relación entre ambos. ¿Qué mensaje nos transmite? ¿Hay una paternidad en esta relación tan asimétrica? ¿De qué paternidad se trata?

El hombre no dirige su mirada al niño: lo sostiene sin mirarlo, igual que Héctor habría podido tener en el brazo su escudo. La imagen es casi monocroma, y pone en evidencia el contraste entre la ternura rosada de la piel desnuda del niño y la piel bronceada del hombre. Con maestría, el uso del color atrae la mirada hacia el azul intenso de las gafas del adulto, que parece seguro, decidido. Él es el protagonista indiscutido a la imagen, que en la parte baja lleva escrito *forever young*...

No hay ninguna relación entre el hombre y el niño. No proyecta al hijo hacia el futuro, ni lo alza en alto, ni le pasa simbólicamente el testigo: es un hombre que lleva consigo un niño, como escudo y trofeo de su juventud perenne. Reivindica su protagonismo, cualquiera que sea su edad. Entre este hombre y este niño, se percibe una ausencia: hay un hombre, hay un niño, pero no hay un padre ni un hijo. Falta una relación generativa, y falta también, totalmente y de forma dramática, cualquier referencia a toda una generación. (Por completar la información: la campaña publicitaria que se abrió con esta imagen ha seguido con la adición progresiva de nuevos personajes, hasta llegar a un cuadro de conjunto más equilibrado, con cuatro varones de edades diversas que sonríen al objetivo).

Independientemente de la intención del publicista, la comparación entre las dos imágenes me ofrece algunos puntos de reflexión. El primero es el siguiente: tener niños no es por sí mismo suficiente para convertirse en padres. Existe, y por desgracia es muy frecuente, una consideración narcisista de los hijos: en este caso, los niños no son otra cosa que una de las diferentes expresiones de uno mismo.

El narcisista se pone en relación con los demás en función de sus necesidades, y su mirada se concentra sobre sí mismo: el objetivo de sus acciones, el centro de sus pensamientos, siempre está ligado a lo que le puede reportar una compensación en el plano personal. Por esto le falta el atributo central que convierte a un hombre en padre: la generosidad.

Hay una generosidad profunda que se exige a los padres, y es una generosidad heroica. No es fácil sacarla a la luz, por nuestra tendencia a vincular la palabra heroísmo solo con acciones que nos parecen grandiosas y extraordinarias. Así, cuando leemos expresiones como «capacidad de aceptar la muerte» o «capacidad de acoger el límite», no las relacionamos con algo que realmente nos pueda implicar o interesar en primera persona, sino como casos improbables y excepcionales.

La auténtica dimensión heroica de la figura paterna, y el verdadero alcance de estas expresiones, en cambio, pasa por lo cotidiano: el padre no es más que un chico que se ha hecho hombre, con todas sus dificultades humanas y sus límites, que aprende poco a poco a ampliar el foco de la vida más allá de sí mismo. Lo hace aceptando que el niño —del que ahora es papá— le robe un poco de su mujer; que ese niño no le entienda cuando le corrige y procura enseñarle el bien; lo hace aceptando que ese niño busque su propio camino; y apoyando a ese niño para que llegue a ser mejor que él. El papá se hace padre cuando deja al hijo la juventud, porque acepta envejecer; deja al hijo el trabajo, porque se jubila; deja al hijo que engendre, porque él acepta morir. Un padre deja al hijo su empresa y le permite innovar a su manera; un padre que deja que el hijo se convierta en un gran enfermero cuando él es notario; un padre que escucha lo que el hijo le pueda enseñar: estos son los hombres realmente generosos.

Por esto la paternidad es la verdadera plenitud de la masculinidad. No se improvisa: requiere tiempo, paciencia, adaptaciones, errores.

Por esto la paternidad exige siempre respeto y reconocimiento, sean cuales sean las características, humanas e imperfectas, del hombre que se esfuerza por ser padre.

V.
LA RELACIÓN

¿Pero para qué sirven los hombres?

La queja es común: entre amigas, hijas, amigas de las hijas, pacientes... Escucho que se repite con frecuencia creciente que «ya no quedan verdaderos hombres en el mundo». Pero aparece también una pregunta nueva, y terrible, que se desliza sobre todo entre las últimas generaciones de mujeres: «¿Para qué sirven los hombres?».

Como son cada vez más autónomas e independientes, las mujeres tienen la sensación de que la aportación masculina a sus vidas no es tan importante, y de que el hombre no es portador de ninguna característica específica realmente necesaria. Una vez desvaído el sentido y el valor de la diferencia, ni siquiera es posible cultivarla y hacer que pueda dar fruto.

No obstante, los hombres son verdaderamente distintos de las mujeres. Hoy más que nunca necesitamos no perder su punto de vista sobre la vida: la posibilidad de ver lo que sucede desde un ángulo distinto, que no sustituye al nuestro, sino que lo integra y lo enriquece.

Para comprender mejor las expectativas femeninas, con la complicidad del WhatsApp, he hecho una encuesta rápida y personal entre compañeras, amigas, y amigas de mi hija. Les he pedido que me digan sin pensar tres adjetivos que definan cómo desearían que fuera un hombre. La respuesta ha sido rápida, divertida y entusiasta. En *pole position* se han situado los adjetivos: generoso, tenaz (variante: con pelotas, sólido, fuerte), emprendedor (con las variantes de activo, valeroso) de fiar (acogedor, colaborador, presente, atento, sólido). Estos se han llevado la mejor parte sobre opciones como fascinante, guapo, alto (*sic!*), rico, y hasta pasional. También han elegido mucho el buen carácter (autoirónico, alegre, simpático, divertido, optimista, buena compañía) y la apertura mental (curioso, inteligente, culto).

Las respuestas son transversales respecto a la edad, y ponen en evidencia que el objeto del deseo es la imagen de un hombre decididamente masculino, «caballeroso», generoso, dotado de iniciativa, con menos «paranoias» respecto a las mujeres (y por eso alegre, autoirónico, simpático, porque es un poco más sencillo). Un hombre capaz también de dar protección y seguridad. Ninguna ha respondido «un hombre comprensivo»; solo dos se han desmarcado hacia «sensible, empático y amable», adjetivos que se sitúan en clara minoría entre las preferencias.

Por tanto, las mujeres siguen buscando en el hombre precisamente al hombre, con sus dotes masculinas: alguien que sea distinto de ellas, y con quien puedan tener una relación enriquecedora.

Entonces, ¿cómo se concilia este deseo persistente de masculinidad con la creciente percepción de su inutilidad? ¿Es la masculinidad en sí misma lo «inútil», o es más bien el modo en que los hombres de hoy la interpretan? ¿Y cómo se explica lo que está sucediendo?

La cuestión es compleja. El hombre tiene que conquistar lo que las mujeres desean, a partir de dos fuentes: la que nace en la madre (que le puede enseñar la ternura, también el respeto y la capacidad de ser fiable) y la que nace en el padre (que le debe enseñar la generosidad, la tenacidad, la autonomía). Si quiere hacerse adulto, tendrá que asumir la responsabilidad personal de corregir e integrar lo que no tiene/no ha recibido, avanzando más allá de la influencia de sus padres. Pero, para hacerlo, también necesita encontrar modelos significativos, capaces de marcarle una meta que sea posible y deseable a la vez.

Esto significa muchas cosas, sobre las que es necesario una reflexión conjunta: para que los hombres lleguen a ser lo que las mujeres desean, tienen que llegar a ser personalmente conscientes de los condicionamientos de su desarrollo. Pero para que los hombres se conviertan en lo que las mujeres desean, también las mujeres tienen que ser conscientes de su influencia y aprender a medirla: en su condición de madres de los hombres, todas las mujeres están profundamente implicadas en su desarrollo, y ponen en sus hijos el germen de lo que serán para las mujeres de mañana.

Solo quiero poner un ejemplo pequeño y muy corriente, que puede ayudar en esta reflexión.

Milán: es un día cualquiera, a una hora cualquiera; sube al metro una mamá que lleva de la mano a un niño pequeño, de unos cinco años. El niño se dirige decidido hacia el único sitio que ve vacío, su madre le sienta. Lleva en la mano un gran trozo de chocolate, que devora. La madre está de pie delante de él, con un bolso pesado. Terminado el chocolate el niño quiere beber; pide a su madre: «¿Tienes agua? ¡Tengo sed! ¿Llevas en el bolso? ¿Por qué no has traído agua?». La madre no ha traído agua, el niño parece incrédulo ante semejante olvido. Empieza a protestar de forma cada vez más firme, hace que su mamá prometa que la va a comprar «enseguida», en cuanto hayan bajado del metro. Después se hace con el teléfono móvil de la madre para jugar, y se estira en el asiento con los pies casi pegados a la señora de al lado, que esboza una sonrisa de complicidad a la madre. Es una sonrisa entre mujeres que dice: los niños son así, los hombres son así, hay que tener paciencia.

En la otra parte del vagón, frente a ellas, dos chicos de unos veinte años están sentados, con los cascos en las orejas, y los móviles en la mano. De pie, a muy poca distancia, una señora anciana y una mujer evidentemente embarazada. Ninguno de los dos hace además de ceder su sitio. Levantan hacia las dos mujeres una mirada distraída, notoriamente incapaz de ver; vuelven a mirar con interés absorbente su móvil. Las dos mujeres no parecen asombradas: los jóvenes son así, los hombres son así, hay que tener paciencia.

Hoy como siempre, las mujeres quieren hombres capaces y generosos. No obstante, las mismas mujeres que desean hombres generosos crían a veces en sus hijos a hombres egoístas; las que desean hombres respetuosos, contribuyen a criar en sus hijos a prepotentes; las que desean hombres autónomos y capaces, se multiplican para evitar a los hijos el esfuerzo y las experiencias necesarias para hacerlos autónomos y capaces. El niño que se sienta sin dudar en el sitio de la madre y exige agua «enseguida», está en absoluta continuidad lógica con el adolescente que no ve a la mujer embarazada y no le cede el sitio. También es el mismo que, cuando se enamora de una chica, le exige sexo «enseguida», y mira con incredulidad a cualquier mujer que no esté inmediatamente disponible a su deseo...

Un hombre no es fruto de la casualidad, sino que toma forma a través de un largo camino de aprendizaje, que siempre empieza entre los brazos de una mujer. Es importante no olvidarlo y prever el remedio, porque la prepotencia del varón no es, según se nos hace creer muchas veces, una faceta inevitable y peligrosa de su masculinidad y agresividad, sino consecuencia de su egoísmo: es fruto de la incapacidad para ver más allá de sí mismo, de su necesidad, de sus intereses. Es resultado de una no-educación, o de una educación miope, que pone en el centro solo objetivos de éxito y satisfacción personal. La prepotencia no es una dimensión de la masculinidad, sino una degeneración de esta: una consecuencia de la mala lectura de lo que puede ser la masculinidad.

Lo que desean las mujeres

En el discurso de las mujeres y en sus relatos de su relación con los hombres, hay temas que se repiten con frecuencia creciente. Muchas veces son confidencias que se expresan como crítica o insatisfacción, dificultades que envenenan la relación. He tratado de traducir algunas en deseos, para transformarlas en material útil para una reflexión positiva.

Primer punto, importante: *las mujeres desean encontrar hombres capaces de salir de la dependencia infantil de su madre.*

Hay hombres, también casados, que no han dejado nunca a su madre, y madres que nunca dejan marchar a sus hijos, ni siquiera después de su matrimonio.

Entre las dificultades en la vida de una pareja, la presencia invisible de una madre de la que no se han tomado las necesarias distancias es un elemento nada infrecuente. La madre se convierte, entonces, en una presencia molesta, incluso cuando no se habla de ella. A veces, el hijo sigue teniendo una imagen idealizada, a la que hace referencia para «medir» el valor de su compañera; otras veces, no logra tomar decisiones realmente libres, porque teme que sus elecciones decepcionen o descontenten a su madre. Otras veces, prevalece un sentido de culpa constante hacia la madre: en ese caso, ser para ella el objeto privilegiado de amor clava al hombre en una especie de obligación hacia ella, como si haber nacido de esa madre supusiera haber contraído una deuda permanente de la que es imposible sustraerse.

Es deber de las madres dejar al hijo adulto una plena libertad sobre sí mismo; así como es deber de todo hijo trabajar por esta libertad, independientemente de la madre que haya tenido. Debe entender que, desde el momento en que elige a la mujer de su vida, tiene un verdadero deber de cambiar las prioridades de las alianzas.

Segundo punto: *las mujeres desean que el hombre no tenga una necesidad continua de sus ánimos*.

No me refiero aquí al intercambio normal de aprecio, que cada uno de nosotros necesitamos para sentirnos reconocidos y amados, sino a esas situaciones en que la autoestima del hombre parece depender del reconocimiento constante de su mujer. En muchos casos, esto pone a la mujer en dificultades, y la hace sentirse incómoda.

Para comprender esta dinámica, es importante recordar que la mujer lleva en sí dos lados muy diferentes, que es difícil armonizar y que con frecuencia tienden a excluirse uno a otro: son los que en el libro anterior he llamado la dimensión «materna» y la dimensión «erótica»[2].

La dimensión materna se refiere a la capacidad de acoger al otro y cuidar de él: si se trata de una parte sana, equilibrada y no excesiva, la mujer no la experimenta como algo que la mortifica, sino más bien con un sentido de plenitud, aunque alguna vez haga necesario ponerse en segundo plano por el bien de las personas que quiere y dependen de ella. La dimensión materna de la mujer tiene su origen en la relación con la propia madre y se desarrolla después de modo personal, en las situaciones concretas de la vida: el nacimiento de un niño, pero también la aparición de situaciones de necesidad en las personas a las que quiere. Muchas veces, estas ofrecen la ocasión para que estas competencias de acogida y cuidado maduren y se desarrollen.

La dimensión erótica, en cambio, se refiere a la capacidad para cuidarse a sí misma, de tener en cuenta el proprio deseo, pero también de marcar adecuadamente su propio límite y protegerse de exigencias excesivas. Gracias a un desarrollo adecuado de esta competencia, la mujer puede ser materna sin acentos victimistas, y generosa sin volverse sacrificial.

---

[2] Cf. Mariolina Ceriotti Migliarese, *Erótica y materna. Viaje al universo femenino*, Rialp, Madrid 2018.

La parte materna y la erótica de la mujer están entrelazadas e incluidas por títulos diferentes en todas sus relaciones. Por tanto, también en la relación de pareja. Encontrar el equilibrio entre ellas es todo menos fácil, y depende también del modo en que el hombre, con su actitud y su comportamiento, active en ella una u otra de sus «almas».

Es muy frecuente que los hombres se quejen (a veces con razón) porque las mujeres se muestran demasiado críticas con ellos, poco dispuestas a manifestar abiertamente sus dotes y a expresar reconocimiento por lo que reciben. En cambio, las mismas mujeres no tienen dificultad en destacar los éxitos de los hijos, felicitarles y expresarles abiertamente su apoyo y su ánimo.

El hecho es que animar, reforzar, apoyar, felicitar, son modalidades que tocan la parte más materna de la mujer. Ninguna madre tiene dificultad para decir «muy bien» a su hijo: siguiendo su instinto y su afecto, le parece indispensable animarle con frecuencia, destacando sus habilidades y sus dotes.

No es lo mismo con su hombre: tener que decirle con demasiada frecuencia «muy bien», entraña el riesgo de hacer que le perciba como niño, lo cual hace más difícil reconocerle y estimarle como hombre. Es necesario tener claro que el hombre no puede ser confirmado en su valor por una mujer, a no ser como hijo. La verdadera confirmación de su valor como hombre está en la línea masculina, y procede del reconocimiento del padre y de los demás hombres que conoce y con los que se compara, de que se mida consigo mismo y con las cosas.

Por eso, en la relación de pareja, la manifestación del amor de una mujer a su hombre no es el número de felicitaciones que le dirige. El reconocimiento de la mujer «erótica» hacia su hombre pasa por su confianza en él, por la credibilidad que otorga a lo que hace. Lo que expresa el amor es la confianza, no la felicitación. Una confianza con hechos: la mujer que se fía y se confía ama a su hombre, también cuando alguna vez pueda parecer un poco crítica o no se prodigue en alabanzas continuas y agradecimientos.

Esto se refiere también a la dimensión sexual: las mujeres tienen dificultades cuando un compañero demasiado inseguro les pide continuamente la confirmación de su propia masculinidad. En ocasiones las mujeres no expresan al hombre sus propias insatisfacciones, precisamente porque tienen miedo de herirle. Pero se trata de un silencio «materno», protector, que en realidad daña la relación y aleja, contra toda la buena intención, las posibles soluciones.

El sexo es un lenguaje y toda pareja debe encontrar el suyo sin temor, también por medio de pruebas y errores, sin miedo a poner en palabras, de modo simple y directo, las posibles dificultades. Solo añado, brevemente, que en ocasiones las mujeres pueden ser poco realistas en sus expectativas hacia el hombre, y alguna vez viven impropiamente su competencia sexual como mezcla directa de su amor y su deseo (si de verdad me ama, si realmente le gusto, entonces...). En cambio, tienen que ser más conscientes de que el varón no es una máquina, y que cada hombre tiene sus temores e inseguridades: a veces solo necesita dejar de sentirse juzgado y de tener un poco de tiempo para aprender a gestionar bien su sexualidad.

Tercer punto, que es fundamental: *las mujeres desean poder fiarse del hombre.*

Fiarse de alguien presupone sentirse seguro con él, no tener necesidad de defenderse. No es algo sencillo entre hombre y mujer, entre otras cosas porque la mujer teme la agresividad masculina y le cuesta interpretarla. Lo que a la mujer le parece agresivo, no lo es siempre en las intenciones del hombre: el tono de la voz, por ejemplo, se percibe de forma diferente, y muchas mujeres acusan a los hombres de gritar cuando hablan, suscitando su asombro. A la mujer madre no siempre le resulta fácil distinguir, en las formas de su marido con los hijos, la firmeza de la prepotencia, lo necesario (aunque pueda ser duro) de lo arbitrario e injusto.

Para la mujer supone una dificultad la agresividad del varón, desde niño, porque para distinguirse y crecer, ella no experimenta las mismas modalidades. Por eso, a veces le cuesta graduar sus intervenciones educativas ante la vivacidad del hijo varón.

En consecuencia, es indispensable que los padres contrasten pareceres con frecuencia y abiertamente. Para la mujer es decisivo poder fiarse del modo en que el marido hace de padre, y confiarse a veces en él para las intervenciones más normativas, sin temor a que estas puedan herir a los hijos.

El elemento realmente más importante, el que se encuentra en el fundamento de todos los demás, es este cuarto: *la mujer tiene una necesidad profunda de fiarse de la mirada del hombre.*

La mirada del hombre es central para la mujer desde la infancia. Las bases de la autoestima están en un padre que sabe verla y apreciarla no solo en cuanto hija, sino como hija femenina: el orgullo que lee en los ojos de su padre constituye para una chica un anclaje seguro que le confirma su valor como mujer.

A medida que crece, la mujer sigue buscando confirmaciones de sí misma en la mirada masculina. Pero las miradas que encuentra no son iguales, ya que el modo en que un hombre mira a una mujer también debe madurar, a su vez, y ser educado.

La dimensión infantil de la mirada es apropiadora, a veces depredadora: la mujer, con sus atributos femeninos, está en continuidad con la madre que provee alimento y que puede satisfacer el deseo. Si el varón se detiene en este nivel y no supera la dimensión narcisista, la mujer sigue siendo para él principalmente un objeto, que enciende el deseo y que tiene el deber de satisfacerlo. Por mucho que el hombre diga que está enamorado, la suya no es aún una mirada que llena, sino una mirada que atrapa y vacía.

Para confiarse a un hombre, la mujer tiene que poder apoyarse en que la mirada del varón pase de la modalidad depredadora infantil a otra más adulta. Gracias a este paso, que le hace más autónomo y no tan necesitado de la mujer-madre, el hombre empieza a captar una dimensión distinta. Deja de ver en la mujer principalmente el medio para satisfacer sus exigencias (ya sean de tipo afectivo, sexual o práctico), y reconoce en ella a otra persona, con sus deseos y pensamientos, propios e inviolables. Es una persona de sexo femenino, como su madre: pero, mientras que la madre es aquella de la que depende el hijo, la mujer es aquella que, gracias a él y a su don masculino, podría llegar a ser madre. Cuando un hombre ha madurado esta capacidad de visión, la mujer puede por fin fiarse de él.

Antes de concluir, querría dar voz a otro deseo entre muchos, que remite a lo ya dicho y lo completa: *las mujeres desean hombres capaces de respeto.*

El verdadero respeto solo es posible entre personas que se reconocen igual valor, y esa es la base de la amistad. El amor entre un hombre y una mujer necesita que se cultive esta amistad, que considera al otro como igual a uno mismo, respeta su diversidad, y precisamente en esta diversidad sabe interpretar la mayor oportunidad recíproca.

Pero el respeto tiene que entenderse también en otro sentido: el que se traduce en gestos pequeños y cotidianos, y tiene que ver con la «buena educación». Es una expresión obsoleta, pero es necesario revalorizarla, porque la presencia o ausencia en una relación de un poco de buena educación manifiesta la capacidad o no para un respeto que realmente puede marcar la diferencia.

La mujer siempre ha sido la primera y la auténtica civilizadora, porque es maestra en el cuidado de las relaciones, que requieren de una sensibilidad amplia, capaz de captar los matices y traducirlos en gestos. Desde siempre, las mujeres enseñan esos gestos a los niños, que se convierten en buenas costumbres, que puedan hacer de la vida un lugar más acogedor y agradable.

He escrito «enseñan», pero quizá tuviera que haber escrito «enseñaban». En efecto, en las últimas décadas se han producido algunos cambios significativos. Por un lado, está la idea de que la igualdad significa no-diferencia, que nivela por debajo las modalidades de comportamiento masculina y femenina: por ejemplo, en la mayoría de los casos, las chicas ya usan un lenguaje «de hombres», en sentido peyorativo. Por otro lado, muchas mujeres han renunciado, sin darse cuenta, a su deber civilizador, tan trabajoso y poco reconocido: una tarea que ejercían también teniendo en cuenta instintivamente las diferencias de sexo.

¿De verdad estamos seguros de que esto ha mejorado nuestra convivencia y ha traído mayor bienestar para todos?

Equívocos

En las relaciones de pareja, también cuando nacen movidas por las mejores intenciones, maduran incomprensiones frecuentes y dolorosas. Pueden ser fuente de conflictos, incluso profundos, y de alejamiento entre el hombre y la mujer. Creo que son dos los equívocos que se repiten con más frecuencia y que son lo bastante comunes como para merecer una reflexión.

Los he elegido entre todos los posibles, por la relevancia que me parece que tienen en la vida cotidiana.

El equívoco número uno tiene dos variantes. La versión vetero-masculina (que todavía persiste, pero que pocos se atreven a expresar abiertamente) dice: las mujeres están hechas para ocuparse de la casa, atender a los niños, cuidar de las personas frágiles de la familia. Esto es lo que más les gusta hacer a las mujeres auténticas, cuando siguen su naturaleza.

La segunda variante (a decir verdad, no tan infrecuente como se cree, también entre los varones de hoy) dice, en cambio: las mujeres ya no son las de antes; se niegan a ocuparse de la casa, de los niños, de las personas frágiles de la familia. Han traicionado a su naturaleza más profunda. Por eso ya no quieren tener hijos (ni cuidarlos).

Se trata de interpretaciones basadas en un prejuicio (etimológicamente: un juicio *a priori*) masculino. La pregunta que sería oportuno hacer para llegar al núcleo de la cuestión es: ¿qué puede mover hoy en día a alguien a ocuparse de la casa, de la familia, de los niños, etc.? ¿De qué ocupación hablamos? ¿Qué actitudes requiere?

La cotidianidad del cuidado de alguien o algo sigue siendo un trabajo necesario, pero es esforzado y repetitivo. Por eso, muchas parejas jóvenes, al principio de su vida en común, se lo reparten equitativamente y de acuerdo. Las chicas de hoy se preparan para la vida de forma absolutamente igual respecto a los varones, y muchas tienen dotes importantes que aportar: la universidad saca cada año a muchas mujeres ingenieros, arquitectos, médicos, abogadas, biólogas. Muchas de estas chicas se esfuerzan igual que sus coetáneos para encontrar un trabajo interesante y bien remunerado, y su porcentaje de éxito no es inferior al de sus compañeros.

¿Pero qué pasa cuando las chicas se enamoran? ¿Qué pasa si hacen planes de casarse y tener hijos? ¿Y si tuvieran más de uno?

No se puede negar que, con la llegada de los hijos, el inevitable cambio de vida va a recaer principalmente sobre la mujer. También depende de ella la principal responsabilidad de una elección muy difícil, la que se refiere a los tiempos, modos y energías que quiere dedicar a este o aquel ámbito de su nueva vida de trabajadora, esposa y madre.

¿Qué puede llevar a una mujer joven, en plena carrera, a reajustar sus expectativas profesionales, o a decidir cargarse con un doble trabajo? Porque, en todo caso, se va a tratar de doble trabajo, por lo menos mentalmente. Cada mujer lo sabe por experiencia, porque la familia y su cuidado siempre y en todo caso van a constituir una preocupación determinante, también cuando la organización permita delegar en parte o totalmente las cuestiones prácticas. Si una mujer tiene familia, esta es un pensamiento central en sus reflexiones: su buen funcionamiento y la serenidad de quienes componen esa familia son realmente algo que le concierne a ella en primer lugar.

Con todo, muchas mujeres siguen queriendo formar una familia, y tratan de hacer cuadrar el círculo, conciliando muchas veces lo inconciliable. Además, cuando una mujer elige reajustar o incluso renunciar a su vida profesional, no se trata, sin duda, del descubrimiento repentino de una vocación al cuidado de la casa, y normalmente tampoco de una elección guiada por la comodidad o la oportunidad.

Se trata, de forma mucho más simple, de amor: las mujeres eligen reajustar sus aspiraciones profesionales, asumir una carga doblemente esforzada, dar saltos mortales para conseguir un horario decente, solo por amor: a su marido, a su niño, a su familia. «Saben» que su amor concreto (el amor es auténtico solo si es concreto) al hombre y al niño pasa por el cuidado; conocen el valor de los pequeños gestos cotidianos que marcan la diferencia, y recurren a las capacidades de acogida de las que su feminidad sigue siendo instintiva y profundamente capaz.

La mujer que ama sabe concretar el modo del cuidado y de la cotidianidad, que es la forma más difícil. Pero, al contrario que en el pensamiento masculino, no es una elección «según naturaleza»; nunca puede tomarse sin ambivalencia, sobre todo cuando la mujer también ha experimentado el placer de expresarse a sí misma en otros terrenos, que parecen satisfactorios de modo más inmediato (por lo menos, porque se reconocen económicamente).

Así, muchas mujeres, por amor, siguen eligiendo hacer familia, cuidar de ella, convertir la realidad cotidiana en un centro importante de sus preocupaciones. Pero la incomprensión del hombre está a la vuelta de la esquina, porque es fácil dar por descontado el amor: una vez tomada la decisión, cuando se ha abierto paso a los cambios, el varón tiende a olvidar lo que esa decisión ha supuesto y sigue suponiendo. En el fondo, su mujer ha elegido por propia voluntad (afortunadamente, casi ya no hay hombres que impongan a la mujer que deje su trabajo si ella no lo desea); estaba de acuerdo en dejar/reducir el trabajo, estaba contenta de estar con los niños, ha dicho que podía ser divertido poder ocuparse más de la casa, cocinar con un poco de calma y de tiempo, tener algo de espacio para sí misma... O bien: ha sido ella la que ha decidido no dejar el trabajo, no reducirlo, etc. Ella es la que ha dicho: «Con un poco de organización, puedo hacerlo».

Precisamente aquí anida una de las cosas que más enfadan hoy a las mujeres: que el amor se dé por descontado, que el cuidado se convierta en un acto debido, que la flexibilidad, la inventiva, la capacidad de hacer agradable lo que supone esfuerzo, se consideren cosas descontadas, fruto automático de la feminidad, y no repetición esforzada y cotidiana de gestos de amor. Y el amor puede tener, como única respuesta adecuada, solo amor y capacidad de reconocimiento.

El equívoco número dos tiene su origen en torno a la palabra «entenderse». En este punto, quiero lanzar una provocación: la palabra «entenderse», tal y como la interpretamos normalmente en las relaciones de amor, tiene que ser abolida si es que queremos hacer que la relación de pareja funcione de verdad.

En el contexto general de las relaciones humanas, es un hecho de evidencia muy patente: si, siendo italiana tengo por amiga a una mujer china, lo primero que daré por supuesto es la dificultad para entendernos. Si me interesa la relación con ella (y ella quiere relacionarse conmigo, naturalmente) adoptaremos una actitud recíproca de curiosidad y paciencia, porque sabemos que cada una tiene que aprender algo del lenguaje de la otra, y llegar a un acuerdo sobre un lenguaje comprensible para ambas. Después, si tuviéramos que hacer frente a una tarea juntas, no voy a pensar inmediatamente que mi solución es la mejor: no es difícil imaginar que ella podría conocer otras soluciones o estrategias, distintas, pero no por ello menos eficaces que las mías; puede que para mí sean inéditas pero, precisamente por eso, son interesantes.

Cuando se comprende y acepta la diferencia, el curso de la relación va a depender del valor que se reconozca al otro y a la relación misma. Es evidente que, cuanto mayor sea la diferencia, igualmente mayor habrá de ser el esfuerzo necesario para encontrar un campo de entendimiento. En consecuencia, son importantes la paciencia, la curiosidad y la disponibilidad para cuestionarse: pero el premio puede ser grande, porque en la diferencia se encuentra potencialmente presente toda la riqueza de la novedad.

Por mucho que nos empeñemos en negarlo, la masculinidad y la feminidad son real y profundamente diferentes: sentimos, pensamos, hablamos, afrontamos la realidad desde puntos de vista diversos, con sensibilidades y prioridades diversas. Con todo, cuando nos enamoramos pensamos que para entendernos y estar de acuerdo es suficiente con el amor. Sobre esta idea, el esquivo «entenderse» se convierte en el principal signo de estar enamorados, o más aún, de amarse. Es demasiado fácil adivinar los resultados inevitables de esta ecuación. ¿Pero realmente es tan importante «entenderse»? O mejor: ¿cómo habríamos de interpretar el entendimiento para hacer de él un objetivo realmente perseguible?

Tal vez podríamos expresarlo así: «entenderse» es entender que el otro es, realmente, profundamente distinto, y que su diferencia merece mi respeto y mi curiosidad, igual que yo merezco por el mismo título su respeto y curiosidad. Entonces, la cuestión no es «quién tiene razón», sino más bien «qué parte de la razón expresa cada uno». La cuestión ya no consiste en entender la masculinidad (la feminidad), sino en acogerla a sabiendas de que es irreductiblemente distinta, y dar crédito a esta diferencia. Igual que todas las verdaderas diferencias, puede suscitar nuevas preguntas, que amplían nuestro horizonte para ofrecernos nuevas perspectivas. Y esto también se puede producir por medio de (a veces precisamente por medio de) el esfuerzo y la irritación que supone la no inmediata comprensión.

Hay legitimidad en la diferencia: en el ser distintos, siempre que se reconozca la total igualdad de valor de cada uno. Es legítimo ver aspectos diferentes de la realidad: solo es estúpido considerar uno solo como verdadero, el nuestro.

En conclusión, podríamos dejar de centrarnos en lo que el otro (el marido, la mujer) «no ve», para concentrarnos en cambio en «lo que ve distinto de mí». Dos ojos ven mejor que uno, dice sabiamente el proverbio.

Entre hombres y mujeres, también tenemos una profunda diferencia de lenguaje: la verdadera riqueza nace cuando entre ambos se genera por fin una colaboración. La mujer aprende entonces a apreciar la capacidad que tiene el hombre para «nombrar» las cosas con claridad (aunque el estilo comunicativo pueda parecerle seco o insuficientemente afectivo). El hombre aprende a valorar la constante intención de la mujer de comunicar (también cuando las palabras le puedan parecer demasiado emotivas o redundantes). Entonces se puede aprender, poco a poco, a comunicar de un modo que es a la vez empático y eficaz: y es lo máximo.

Solo un par de cosas más, para cerrar este variado capítulo sobre la relación entre los sexos.

Hay un momento, en el recorrido de quien tiene el don de la fe, en que se empieza a intuir la paz completa que nace de sentirse realmente vistos, amados y conocidos por Dios: en cada pensamiento, intención, acto, movimiento del corazón. Somos conocidos más allá de la fragilidad infinita de nuestro lenguaje, que «dice» tan poco de lo que somos. Conocidos con una mirada de amor, que nos hace sentir: «Así está bien, tú estás bien así, siempre que decidas confiarte a mí».

Cuando pienso en una vida lograda de pareja, pienso en algo parecido a este poder darse, uno al otro, esta mirada que ve más allá: conoce la debilidad y la protege como secreto, intuye y respeta lo que no se ha dicho y lo indecible. No podemos ser siempre, uno para el otro, palabra clara, afecto lineal, respuesta plenamente satisfactoria a las necesidades y a los miedos. Pero lo que podemos intercambiarnos y, por tanto, recibir como verdaderamente precioso es ser uno para el otro, hasta el final de la vida, un testigo acogedor y no juzgante de nuestra condición de únicos y vulnerables, de nuestro continuo errar, pero también de nuestro continuo recomenzar. De nuestro intento de dar sentido a la vida. Un testigo que también sabe evitar (en el tiempo) las palabras inútiles: el exceso de palabras malgastadas en tratar de «entendernos», que acaban con demasiada frecuencia en rupturas todavía mayores. Un testigo que sabe ver, estar cerca, acompañar, desdramatizar, aceptar, dar peso, proporcionar. Creo que este es, en el largo curso de una vida juntos, el auténtico significado de hacerse una sola carne.

CONCLUSIONES

Cuando uno de mis hijos ha sabido que me había puesto a escribir un libro sobre masculinidad, ha afirmado de modo tajante: «No puedes hablar de la masculinidad sin haber visto *Fight Club*». Dos de sus hermanos le han hecho eco unánime: no podía dejar de ver esta película, si es que realmente quería entender algo.

Así que me tomé una tarde libre, y fui a verla, por fin.

Es una película de 1999, con Brad Pitt y Tyler Durden, sobre la primera novela, convertida después en *best seller*, del escritor estadounidense Chuck Palahniuk. Su protagonista es consultor en una cínica compañía de seguros; es joven y vive solo, entre un vuelo y otro, sin otra meta que la adquisición compulsiva de bienes de consumo. Se trata de una vida vacía e insatisfactoria, que le condena a un estado de insomnio crónico y alienación de sí mismo. Buscando una solución, empieza a acudir a grupos de ayuda mutua para personas afectadas por males incurables; en estos grupos, el dolor verdadero de los demás y la cercanía de la muerte producen sobre él un efecto catártico: aunque no siente un verdadero dolor, en el clima de sugestión emotiva en que se encuentra inmerso descubre que es capaz de llorar, y que gracias al llanto puede volver a dormir. Pero nada cambia realmente en su vida, hasta que se produce un encuentro casual con un personaje atractivo e inquietante de nombre Tyler. Entre ellos se instaura rápidamente una relación intensa y envolvente, que les lleva a crear el *Fight Club*, un círculo secreto que organiza combates clandestinos y muy cruentos entre sus participantes. El *Fight Club* se convierte en lugar de atracción magnética para un número creciente de hombres, dispuestos a combatir hasta la muerte para dar la vuelta a lo que progresivamente se perfila como el Enemigo: el *American way of life*, un modo de vivir alienante, organizado exclusivamente sobre el provecho y sobre el consumo, que aplasta y mortifica al género masculino.

A lo largo de la película, hay otra tensión dramática: se va a descubrir que Tyler, en realidad, es un *alter ego* del protagonista. No por casualidad, no tiene nombre propio; su destructividad se agiganta progresivamente, y lo único que el protagonista puede hacer para frenarla es imaginar que arranca la vida de ambos...

Hasta aquí la trama. ¿Pero qué nos puede decir esta película sobre la masculinidad?

El protagonista es un hombre sin identidad (no tiene nombre), aplastado por el consumo (adquiere compulsiva y vorazmente objetos nuevos, que van a llenar su casa hasta transformarla en una especie de almacén de Ikea). En una conversación con Tyler, cuenta la ausencia de su padre desde que era niño. Es un hombre enajenado de sí mismo, sin contacto con sus emociones (solo llora arrastrado por emociones que no son suyas, y por tanto no son auténticas), con un cuerpo que habla por él manifestando un insomnio crónico. Es un hombre sin proyectos ni relaciones afectivas (ni de amistad, ni de amor) y que se mueve afanosamente y sin rumbo en una realidad desarraigada. Este hombre joven es la representación, ciertamente esquemática, extrema y sin matices, del riesgo del desarraigo que corren los hombres jóvenes en una sociedad consumista, sin ideales y sin padres.

Tyler, su *alter ego*, expresa con una agresividad exasperada una protesta radical e igualmente extrema, que se manifiesta en primer lugar luchando para medirse con los otros varones: una serie de combates rituales, fuertemente cruentos, pero sin hostilidad. Por medio de estos combates, los hombres no solo se enfrentan, sino que también se tocan, y obligan al cuerpo a «sentirse» por medio del dolor que produce la violencia. El dolor buscado (se asiste en la película a una especie de «iniciación» que se produce quemándose la piel de la mano con un ácido) se manifiesta como un medio exasperado para comprobar la realidad de la propia existencia, para salir de esa especie de anestesia que les produce la sociedad de consumo.

Pero la rebelión también se expresa por medio de una sexualidad violenta y puramente instintiva, que no muestra interés alguno hacia la mujer o hacia la relación. Además, conlleva un rechazo drástico y sin mediación de las reglas sociales, que lleva a destruir cualquier representación de un sistema de vida que se considera enemigo. La protesta aumenta y se autoalimenta sin medida, sin hallar salidas constructivas; destruir de modo ciego y brutal se convierte en el solo fin de la acción: destruir simbólicamente también la única y problemática figura de mujer, que tal vez precisamente en cuanto mujer representa a su vez al Enemigo.

Se trata sin duda de una película sugerente y problemática, que solo habla a través de la acción y la violencia, muy poco atractiva para el gusto femenino. Pero sugiere que la alienación en el hombre de lo masculino (su contacto vital con el cuerpo, la alienación de los otros varones, la ausencia de padres, la posibilidad de tener objetivos y proyectos más allá del mero tomar-consumir) conlleva la desnaturalización de su potencia vital: eso que he llamado la agresividad estructural se vuelve destructiva, que arrastra todo sin otro fin que el de expresarse y liberarse, para «hacer justicia».

Tal vez el mensaje podría ser el siguiente: hay en el varón una fuerza que necesita configurarse y abrirse espacio también a nivel social; una sociedad que no sabe tener en cuenta esta fuerza y que no enseña a emplearla en una dirección constructiva prepara su propia destrucción.

En esta película, en clave totalmente masculina, aparece una sola mujer: una persona extraña, atraída por el tema de la muerte, a la que desafía continuamente. Este constante trato con la muerte parece darle una libertad paradójica. No obstante, como todo en esta película, que juega todo en negativo, se trata de una libertad privada de objetivo. El protagonista se siente atraído por la libertad de esa mujer, que a diferencia de él no está encasillada en papeles o esquemas sociales. Pero no se ve capaz de entrar en relación con ella más que por medio de su *alter ego*, que la convierte en un puro objeto sexual.

A pesar de todo, es interesante notar que lo que despierta al protagonista y le convence para tratar de detener a su *alter ego* destructivo es precisamente la amenaza de aniquilación de la mujer: cuando se hace patente el peligro de que ella sea destruida, se rebela y reacciona.

Más allá de las intenciones conscientes del autor, esto me parece realmente interesante. Desde siempre, la mujer tiene un papel crucial para ayudar al hombre a contener y canalizar su agresividad: la mujer en cuanto tal, por lo que representa, más que en virtud de sus dotes (en el caso de la película se trata de una chica realmente muy deshecha), parece sugerir con su sola presencia que hay distintos caminos posibles.

La película termina con la imagen del protagonista y de la chica con las manos entrelazadas, mientras todo se derrumba ante ellos. Ese cogerse de la mano sugiere una nueva situación, la posibilidad inédita de que entre ellos pueda surgir una relación. Una dimensión distinta, en la que parece ponerse tímidamente a la cabeza el valor de la vida.

La decisión de escribir un libro que tiene por tema la masculinidad ha abierto en mí una red espesa de pensamientos y asociaciones. Me ha hecho prestar una atención más consciente al mundo masculino: en este contexto he estudiado *Fight Club* procurando analizar todas sus sugerencias.

Pero también es evidente que mi inconsciente se ha puesto a trabajar, y como resultado ha producido el sueño que reproduzco: es anterior a la visión de la película, pero se mueve en el surco de la misma reflexión.

Camino en ligero ascenso, como por un sendero de montaña. Repentinamente, por debajo de mí, veo que aparece tras una curva una construcción muy hermosa: se trata de una gran iglesia, una construcción muy antigua y compleja, con ábsides y cúpulas. Me detengo, llena de admiración y estupor, para disfrutar plenamente de su hermosura. Me impresiona la presencia de un campanario que parece un poco incoherente con la construcción: es desproporcionadamente largo, sutil como un minarete, y parece poco armonizado con la solidez antigua de la iglesia.

De pronto el largo campanario empieza a doblarse sobre sí mismo, oscila, se inclina peligrosamente hasta quedar en una posición totalmente innatural, como la pajita doblada de una bebida. Contengo el aliento, me digo que tal vez podamos volver a ponerlo en pie. Pero enseguida advierto un ruido sordo y prolongado: con consternación me doy cuenta de que toda la iglesia se está desmoronando, envuelta por una enorme nube de polvo.

Ahora estoy abajo, en la plaza de la que debía haber sido la gran iglesia antigua. Hay vallas, no es posible acercarse y no consigo ver. Un hombre que me parece conocido me mira, asombrado de mi disgusto incrédulo y muy profundo; me dice que no hay que preocuparse, porque ahora allí, en el lugar de la iglesia, se va a construir un gran supermercado.

Creo que, con sus imágenes vívidas, este sueño ha querido ayudarme a sacar a la luz precisamente el tema de la potencia de la masculinidad y su vulnerabilidad. Me ha ayudado a comprender el peligro que corre toda nuestra civilización (la hermosísima iglesia antigua, fruto de la superposición paciente de culturas a lo largo de los siglos) si el significado auténtico de esta potencia se esfuma y si la masculinidad, debilitada por un exceso de narcisismo, se repliega sobre sí misma igual que el campanario del sueño.

Incluso para quienes no estén familiarizados con el psicoanálisis, el campanario se puede reconocer claramente como un símbolo fálico por excelencia, que representa la potencia masculina. La suya es una función muy especial: parte de la tierra para elevarse al cielo, dirige hacia lo alto la atención de quien lo mira, para recordar que hasta las construcciones humanas más hermosas encuentran su sentido y su valor pleno en su orientación más allá de sí mismas, hacia la trascendencia.

Pero el campanario ha de tener solidez: tiene que haber una proporción buena entre la base (el arraigo en la tierra) y la altura: una proporción realista, dispuesta a aceptar el límite. El campanario cumple su función específica solo si evita la tentación de alzarse por sí solo y querer concentrar la atención sobre sí mismo, olvidando que debe permanecer ligado a la iglesia (no por casualidad el sustantivo es femenino), hacer de vigía (velar sobre ella), ser el signo que guía a otro. En el sueño, en cambio, el campanario se me aparece de pronto como algo incongruente respecto a la iglesia; simboliza una masculinidad que ha perdido el sentido de su propia función: se ha alargado demasiado a lo alto, es demasiado sutil, es poco sólido. Se muestra a sí mismo, no indica al cielo.

Por eso es frágil: se dobla como una pajita, objeto que se usa para beber, es decir, para tomar, no para dar. Su repliegue sobre sí mismo y su fragilidad, abren paso a un proceso global de destrucción: la iglesia se desmorona en la ruina y deja su lugar a un supermercado, lugar horizontal del consumo que es fin de sí mismo, no necesita de campanarios que sugieran la trascendencia. La transformación de la iglesia en supermercado sugiere, entre otras cosas, que el desmoronamiento de la competencia auténtica de la masculinidad supone también la pérdida de la función sagrada de la mujer, que se transforma en simple dispensadora de bienes de consumo.

Aunque con acentos y matices diversos, desde mi sueño y desde la película *Fight Club* me llega la señal de un peligro que se refiere no solo al varón singular, sino a todo el contexto social: cuando la masculinidad se vuelve incapaz de interpretar su propia dimensión generativa, las consecuencias son destructivas.

En el sueño, la riqueza y belleza de la iglesia que se desmorona también me ha sugerido otra reflexión: la belleza de una iglesia nunca es superflua o inútil, y tampoco es un fin en sí misma, sino que siempre es una belleza necesaria, porque da testimonio del cuidado que se debe a lo que contiene, y que posee un gran valor.

Durante los embarazos, he notado siempre esta sensación concreta: podía suspender cualquier actividad, estar inmóvil, concentrada solo sobre mí misma, y simultáneamente tener la percepción precisa de que mi «estar» y mi inmovilidad estaban unidos a la máxima creatividad que pueda existir. La mirada y el cuidado hacia el interior de mi cuerpo, pero también la mirada y el cuidado del cuerpo mismo (sano y bello a pesar del embarazo) no conllevaban una disminución de mi fuerza, sino que suponían, al contrario, un aumento de ambas.

Este modo de experimentar el cuerpo es conocido para el varón. Como en broma, podría expresarse así la diferencia: si la mujer mira a su barriga, contempla a su niño; pero si el hombre mira a su barriga, solo contempla su ombligo.

Creo que, en la tarea vital de la mujer, en su condición estructural de madre potencial, se incluye un movimiento positivo hacia sí misma y su cuerpo que el varón no puede conocer de la misma forma. En su estar presente al propio cuerpo, en el cuidado de sí, en estar guapa, hay para la mujer un placer que no tiene un puro valor narcisista, sino también una implicación relacional importante que, si está bien orientada, supone una gran riqueza.

En cambio, si la mirada del hombre se dirige demasiado hacia sí y su apariencia, se encierra en sí mismo y se vuelve estéril. Por muchos esfuerzos que haga, el placer que puede notar en el cuidado de estos aspectos personales nunca es pleno: si envidia en secreto a la mujer y trata de imitarla, su intento parece tonto y a veces incluso ridículo.

La verdadera enfermedad de nuestro tiempo es el narcisismo, y el varón es su gran víctima porque es totalmente contrario a la potencia vital y generativa. El hombre que se repliega en sí mismo, como el campanario de mi sueño, pierde el sentido de su propia misión y se vuelve frágil. El costo es muy elevado: en el hombre la implosión de la energía vital siempre conlleva un sentimiento fuerte de angustia.

Esta angustia, hoy, se ha vuelto tangible y se expresa en la decadencia de la esperanza en el futuro, en la ausencia difusa de capacidad de proyectar, en la prevalencia de batallas más inspiradas en la muerte que en la vida, como las de la eutanasia o el aborto.

No comprender cuál es el origen real de la angustia supone, además de no resolverla, que los remedios propuestos empeoren aún más el mal.

Para superar los estados depresivos, hoy cada vez más frecuentes y evidentes en hombres de cualquier edad y condición, la sociedad propone recetas venenosas: les empuja a consumir, a llenarse de cosas (o de diversión y placer como fines en sí mismos) sin lograr otra cosa que una sensación creciente de vacío e insignificancia.

Los hombres se ven empujados a aumentar lo que «se mete dentro» (que acaba creando bloqueos y sobrecargas inútiles) en lugar de entender que el origen de su bienestar es la experiencia de «poner fuera», invirtiendo creativamente en el mundo los recursos y las energías de las que son portadores. Llenarse de cosas les impide entender una verdad sencilla: lo que puede llevar a la felicidad no es lo que consiguen, sino lo que aprenden a dar.

Las mujeres desean y valoran a los hombres generosos: el corazón grande, la magnanimidad, son dotes muy hermosas en el hombre, que marcan la diferencia y que se manifiestan en las cosas pequeñas.

La masculinidad, además, sabe tener una mirada utópica que encanta a la mujer. Es una mirada que siembra gérmenes de novedad, que proyecta el futuro con grandeza, aunque a veces le puede faltar esa concreción y esa atención puntual de lo humano que son el valor añadido de la feminidad, y que ayudan a transformar una utopía en un proyecto.

Para germinar, para echar raíces en la realidad, para poder hacerse plenamente funcional a la persona, lo que el hombre siembra reclama el encuentro con un terreno idóneo que lo recoja, bajo pena de convertirse en fin en sí mismo y transformarse en puro derroche. Para que esto suceda es indispensable un aliado femenino: una mujer, una sociedad, una cultura, capaces de entender, acoger y hacer crecer lo que dona la masculinidad.

Me parece que el verdadero desafío actual es este: que la fuerza viril no degenere en agresividad destructiva, o se debilite hasta perder el impulso utópico, capaz todavía de imaginar escenarios vitales para el futuro. Que no se disperse en pequeños proyectos individuales, destinados solo a la propia y pequeña satisfacción personal.

Llegados a este punto podemos concluir, volviendo brevemente a san Pablo y a sus palabras, que parecen tan antiguas a primera vista. Exhortan insistentemente al hombre a amar a su mujer. El amor al que invita Pablo tiene impronta masculina: un amor generoso («darse a sí mismo por ella»), providente («nutre y cuida»), concreto y único («amar como al propio cuerpo»), que tiene como modelo nada menos que a Cristo en relación con su Iglesia.

Precisamente por eso, el modelo que se propone es un amor de protagonistas, no un amor subordinado o de simple respuesta. Un amor que toma la iniciativa, no que ama solo cuando es correspondido. Más allá de las palabras de Pablo, poner a Cristo como modelo resume (para creyentes y no creyentes) todo lo que de positivo se puede decir del hombre.

Pero mirarle a Él quiere decir principalmente redescubrir toda la novedad de su mirada hacia las mujeres: una mirada de amor y de respeto.

Creo que reflexionar con profundidad sobre la mirada que uno tiene hacia la mujer es, sobre todo hoy, algo de importancia decisiva. La mirada es para el varón el canal principal por el que toma forma el deseo: a una mirada que no logra ver a la mujer en su realidad completa de persona corresponde un deseo que la convierte en objeto y propiedad.

Como he dicho antes brevemente, hay un recorrido que hacer, un camino de maduración que no se produce de modo automático: exige una creciente consciencia de sí mismo y de lo que la masculinidad puede ser, pero también reclama una nueva conciencia de lo que es y puede ser la feminidad.

Es la falta de esta conciencia lo que hoy hace posible, y por desgracia muy frecuente, la prepotencia y la violencia del hombre hacia las mujeres, que son percibidas (muchas veces con su consentimiento inconsciente) como puros objetos de deseo.

Pero va a ser precisamente la capacidad de redescubrir esta mirada de amor y de respeto, hoy tan lejano de la mirada masculina sobre la mujer, lo que permitirá a las mujeres confiarse de nuevo, sinceramente, al hombre.

BIBLIOGRAFÍA

Libros

E. Borgna, *Il tempo e la vita*, Feltrinelli, Milano 2015.

M. Ceriotti Migliarese, *La famiglia imperfetta*, Ares, Milano 2010.

M. Ceriotti Migliarese, *Erotica y materna. Viaje al universo femenino*, Rialp, Madrid 2018.

F. Cheng, *Cinco meditaciones sobre la muerte: es decir, sobre la vida*, Siruela, Madrid 2015.

P. Ferliga, *Paternità e padri, tra regole e affetti*, Franco Angeli, Milano 2013.

A. Grün, *Luchar y amar. Cómo los hombres se encuentran a sí mismos*, San Pablo, Madrid 2004.

S. Johnson, *Stili caratteriali*, Crisalide, Spigno Saturnia (LT) 2004.

R. Marchesini, *Quello che gli hombres non dicono – La crisi della virilità*, Sugarco, Milano 2011.

M. Meeker, *100% chicos. 7 claves para que crezcan sanos y felices*, Ciudadela, Madrid 2011.

G. Mieli, *Il bambino non è un elettrodomestico*, Feltrinelli, Milano 2011.

O. Poli, *Corazón de padre*, Palabra, Madrid 2012.

M. Recalcati, *El complejo de Telémaco. Padres e hijos tras el ocaso del progenitor*, Anagrama, Madrid 2014.

G. Ricci, *Il padre dov'era*, Sugarco, Milano 2013.

C. Risé, *Guarda, tocca, vivi*, Sperling & Kupfer, Milano 2011.

C. Risé, *Il padre, libertà dono*, Ares, Milano 2013.

C. Rycroft, *Dizionario critico di psicoanalisi*, Astrolabio, Roma 1970.

Y. Semen, *La sexualidad según Juan Pablo II*, Desclée de Brouwer, Bilbao 2005.

B. Van der Kolk, *El cuerpo lleva la cuenta. Cerebro, mente y cuerpo en la superación del trauma*, Eleftheria, Barcelona 2017.

A. Vanni, *Padri presenti, flgli felici*, San Pablo, Cinisello Balsamo 2011.

L. Zoja, *El gesto de Héctor*, Taurus, Barcelona 2016.

Artículos

M. Ceriotti, P. Kantzas, F. Poterzio, «Il padre. Libertà-dono», en *Studi Cattolici*, n. 626, abril 2013.

M. Ceriotti Migliarese, «Identità e reciprocità», en *Studi Cattolici*, n. 653/54, julio-agosto 2015.

ESTE LIBRO, PUBLICADO POR
EDICIONES RIALP, S.A.,
MANUEL URIBE, 13-15, 28033
MADRID, SE TERMINÓ DE IMPRIMIR EN
ANZOS, S. L. FUENLABRADA (MADRID),
EL DÍA 18 DE OCTUBRE DE 2024.